Die falschen Bilder

Marienerscheinungen im französischen 19. Jahrhundert und ihre Repräsentationen

Hans Körner

Diese Publikation ist anlässlich des 20-jährigen Bestehens des Fördervereins Kreis der Freunde des Instituts für Kunstgeschichte der Heinrich-Heine-Universität Düsseldorf e.V. herausgegeben worden.

© 2018 morisel Verlag, München
www.morisel.de | mail@morisel.de

Die falschen Bilder
Marienerscheinungen im französischen 19. Jahrhundert und ihre Repräsentationen
Autor: Hans Körner
© Texte wie angegeben
© Bilder: wie im Bildverzeichnis angegeben

ISBN: 978-3-943915-32-7

Printed in Germany

Die Deutsche Nationalbibliothek verzeichnet diese Publikation in der Deutschen Nationalbibliografie; detaillierte bibliografische Daten sind im Internet über http://dnb.de abrufbar.

Abbildung Umschlag: Barrême d'Angers, Henri-Hamilton / Bouriché, Henri, Die weinende Jungfrau (Detail), 1864, La Salette © Hans Körner

Buch- und Umschlaggestaltung: Hannah Schiefer
Satz: Hannah Schiefer
Lektorat: Melanie Florin
Druck: Interpress, Budapest

Inhaltsverzeichnis

Einleitung — 4

Rue du Bac, Paris — 11
I. Die Geschichte der „Wundertätigen Medaille" — 11
II. Medialität und Materialität der „Wundertätigen Medaille" — 16
III. Das „übliche Bild" der „Unbefleckten Empfängnis"? — 19
IV. Das Vor-Bild der „Wundertätigen Medaille": „Nostra Signora della Misericordia" von Savona — 33
V. Die Verallgemeinerung der Erscheinung in Savona. Edme Bouchardons Silbermadonna — 37
Exkurs: Die Himmelfahrt der „Madonna della Misericordia" — 47
VI. Das falsche Bild auf der „Wundertätigen Medaille" und die Jungfrau mit dem Globus in der Hand — 48

La Salette — 57
I. Die Augenzeugen und die frühen Darstellungen der Marienerscheinung von La Salette — 57
II. Das Marienbild der „Wundertätigen Medaille" in La Salette — 69
III. Die Jungfrau mit der „Mohikanermütze auf dem Kopf" und Cariminis falsches Bild — 80
Exkurs: Realismus in La Salette — 92

Lourdes — 94
I. Das falsche Bild in der Grotte von Massabielle — 94
II. Joseph-Hugues Fabischs ästhetische Theorie — 103
III. Bernadette Soubirous als Bild — 108
IV. Die gekrönten Statuen in Lourdes — 112
V. Das Marienbild der „Wundertätigen Medaille" in Lourdes — 117
VI. Die theologische Diskussion über das richtige Bild der „Unbefleckten Empfängnis" — 121
VII. Mantel oder Schleier — 127

Pontmain — 132
I. Die Erscheinung im Himmel über Pontmain — 132
II. Die Wahrheit der Kunst und die Wahrheit der Erscheinung — 135

Epilog — 138
I. Die „Vierge du sourire" — 138
II. „Notre-Dame des Otages" — 142

Anmerkungen — 145
Literaturverzeichnis — 156
Abbildungsnachweis — 163

Einleitung

I.

Das Marienbild der christlichen Kirche im libanesischen Béchouate wurde 2004 lebendig – ein (muslimisches) Kind sah es lächeln, die umstehenden Erwachsenen beobachteten daraufhin eine Bewegung des Rosenkranzes und der Augen; wohlriechendes Öl floss aus der Statue (Abb. 1).[1] Das Objekt Bild war zum handelnden Subjekt geworden. Genauer: Insofern der Objekt-Status vom Subjekt-Status nicht schlicht abgelöst wurde, sondern in mirakulöser Weise mit ihm interferierte, konstituierte sich in der Wahrnehmung der Gläubigen die Realität einer „objet-personne" (Aubin-Boltanski).[2]

Die Geschichte des Bildes spielte zunächst keine Rolle. Erst nach der wunderbaren Belebung des Bildes, eine Beobachtung, die in der Folge von weiteren Betrachtern geteilt wurde, und nach Heilungen, die dem Bild zugeschrieben wurden, erwachte das Interesse an der Provenienz. „Notre-Dame de Béchouate" bildet eine Phase der Vision ab, die am 17. Januar 1871 Kindern in dem im Nordwesten Frankreichs gelegenen Dorf Pontmain zuteil geworden war. Diese Phase – Maria führt ein rotes Kreuz mit dem blutenden Corpus vor die Brust – zeigt die kupferne Marienfigur, die 1921 auf die „Säule der Erscheinung" („Colonne de l'apparition") vor der Basilika „Notre-Dame de l'Espérance de Pontmain" gestellt wurde, und dort eine am 17. Januar 1872, dem ersten Jahrestag der Erscheinung, geweihte Marienfigur ersetzte (Abb. 2).[3] Eugène und Joseph Barbedette erfuhren die sich im nächtlichen Himmel abzeichnende Erscheinung zuerst, als sie aus der Scheune, in der sie mit ihrem Vater gearbeitet hatten, ins Freie getreten waren. Die Scheune der Familie Barbedette ist seit dem zweiten Jahrestag der Erscheinung selbst zum Andachtsraum geworden.[4] Vermutlich in den 1920er Jahren schuf der lokale Künstler Pierre Machard für diese Scheune fünf Marienfiguren, die die fünf Phasen der Vision memorieren (Abb. 3).[5] Das libanesische Gnadenbild trägt auf dem Sockel die Signatur Machards.[6] Es handelt sich also um Machards Wiederholung seiner Darstellung der Jungfrau mit dem blutenden Kreuz in der Scheune der Barbedettes in Pontmain, die wiederum seine Wiederholung der Marienfigur auf der „Colonne de l'apparition" ist.

Das Marienbild im libanesisches Béchouate wurde lebendig auch ohne Kenntnis der Abkünftigkeit des Bildes von der nach den Erscheinungen der Jungfrau in der Rue du Bac (Paris), auf dem Plateau von La Salette und in der Grotte von Massabielle in Lourdes vierten kirchlich anerkannten Marienerscheinung des französischen 19. Jahrhunderts. Und es wurde mächtiger und lebendiger als es das Vorbild in der Scheune und dessen Vorbild, das Bild auf der Säule vor der Basilika, gewesen waren und sind, ganz zu schweigen vom ‚offiziellen' Bild in der Basilika. Eine Pilgerin verglich die Statue in Béchouate mit Fotografien aus Pontmain: „Hier ist ihr Gesicht viel schöner. Man könnte sagen, dass sie wie eine wirkliche Person sprechen will."[7] Sie, die „objet-personne" war es, die die Wunderheilungen in Béchouate bewirkt. In La Salette und in Lourdes waren und sind in erster Linie nicht die Bilder wunderbar und wundertätig, sondern die Quellen, die bei der Erscheinung zu fließen begannen (in La Salette floss die Quelle vor der Erscheinung nur zeitweilig).

Die vergleichsweise bescheidene Anzahl an dokumentierten und offiziell akzeptierten Wundern in Pontmain wurde deshalb dem Fehlen einer Quelle zugeschrieben.[8] Weil sie, anders als die Vorbilder in Pontmain, von sich her, als begreifbares Ding, materialiter aktiv wurde und deshalb auch materialiter angeeignet werden konnte, musste die Jungfrau von Béchouate durch eine Absperrung und ein Glas vor der absehbar zerstörerischen Verehrungspraxis geschützt werden.[9]

II.

Die Geschichte der Bilder, die in diesem Buch geschrieben werden soll, profitiert von der Akzeptanz der Agentialität der Bilddinge qua ihrer Materialität in der neueren bildwissenschaftlichen Forschung. Sie profitiert von der Einsicht, dass Bilder nicht darin aufgehen, bloße Funktionen der menschlichen Akteure zu sein, sondern im Sinne der Akteur-Netzwerk-Theorie Bruno Latours selbst agieren. Für das aktuellere kunsthistorische und kulturhistorische Interesse an der Agentialität der Bilder ist allerdings das Derivat des Visionsbildes im Libanon passender als die Visionsbilder in Pontmain. Leichter lässt sich das Nachbild für eine Bildwissenschaft ins Feld führen, die den Blick auf die Bilder mit dem Blick der Bilder auf den Betrachter symmetrisiert (Didi-Huberman).[10] Leichter macht es die „objet-personne" in Béchouate, zu der Einsicht zu kommen, dass Bilder machtvoll als Akteure hervortreten können. Horst Bredekamp schlug den Begriff „Bildakt" vor, wenn Bilder „nicht Dulder, sondern Erzeuger von wahrnehmungsbezogenen Erfahrungen und Handlungen" sind.[11]

Abb. 1 Machard, Pierre, Notre-Dame de Béchouate, Béchouate, Alte Kirche

Abb. 2 Machard, Pierre (?), Notre-Dame de Pontmain auf dem Vorplatz der Basilika (Colonne de l'Apparition), 1921

Weniger eine allgemeine Bekräftigung der Agentialität von Bildern im Allgemeinen soll in diesem Buch nachgeliefert werden, sondern eine „dichte Beschreibung" (Clifford Geertz) dessen, wie sich Marienbilder im Einzelnen zu dem Wunderbaren verhalten, das sie dokumentieren,[12] wie aktiv, wie mächtig sie jeweils und je anders sind – aber eben auch, wie schwach potentiell mächtige Bilder sein und werden können. „Nicht nur über die Macht der Bilder müssen wir Rechenschaft ablegen, sondern auch über ihre Machtlosigkeit, ihre Ohnmacht, ihren Jammer." (Mitchell)[13]

Vor allem steht zur Diskussion, was im französischen 19. Jahrhundert für die Authentizität der bildlichen Repräsentation einer Erscheinung einstand, was ihre Macht ausmachte und was sie minderte. Anders als hinsichtlich der „objet-personne" in Béchouate bürgte nicht die Materialität des Bilddinges für die Echtheit und die potentielle Mächtigkeit der Mehrzahl der in diesem Buch behandelten Bilder, sondern zunächst das ‚moderne' Wahrheitskriterium der Augenzeugenschaft. Cathérine Labouré klagte darüber, dass man ihr Zeugnis nicht ernst genommen habe. Die Befragungen der Seher nach den Marienerscheinungen in La Salette, Lourdes und Pontmain orientierten sich dann am polizeilichen Verhör, und die Methode, das ‚echte' Bild der Erscheinung zu gewinnen, entsprach der Weise, wie der Polizeizeichner des 19. Jahrhunderts die Angaben der Augenzeugen in ein „Phantombild" umzusetzen versuchte. Das ‚moderne Wahrheitskriterium' der Augenzeugenschaft ist in erster Linie ein Kriterium des 19. Jahrhunderts. Signifikant dafür ist bereits die simple Statistik, die man bei der Recherche im Online-Katalog der Bibliothèque Nationale in Paris (Stand: 10.4.2017) erhält: An Publikationen mit dem Verweis auf einen „témoin

Abb. 3 Machard, Pierre, Notre-Dame de Pontmain (Zwei der fünf Phasen der Erscheinung), Pontmain, Scheune der Familie Barbedette

oculaire" im Titel besitzt die Bibliothèque Nationale 4 aus dem 17. und 22 aus dem 18. Jahrhundert, von denen wiederum der allergrößte Teil ins letzte Jahrzehnt des 18. Jahrhunderts fällt. Im 19. Jahrhundert steigt die Zahl der Publikationen mit dem „Augenzeugen" im Titel auf 209, wohingegen diese Zahl im 20. Jahrhundert wieder auf 35 schrumpft.

In Hinblick auf dieses im 19. Jahrhundert mehr denn vordem und wohl auch mehr denn nachher relevante Echtheitsargument konnten manche Bilder mancher mächtiger Manifestationen des Heiligen in ihrer Agentialität abgebremst werden. Drei Gründe sind zu nennen, weshalb Bilder das ‚moderne' Authentizitätskriterium der Augenzeugenschaft verfehlten. Es war zunächst eine Frage der Angemessenheit. An die Repräsentation einer Marienerscheinung, die ihren Platz im Kirchenraum, womöglich am Hauptaltar finden sollte, waren andere Maßstäbe anzulegen als an Bilder außerhalb des Sakralraums. Zum Zweiten war die Kunst des Künstlers herausgefordert, und gelegentlich widersprach das von den Augenzeugen bezeugte Bild dem, was dem Künstler als ästhetisch angemessen erschien. Schließlich und grundsätzlich ist das ontologisch fundierte Schönheitsdefizit der Bilder im Verhältnis zu der himmlischen Erscheinung, die sie abbilden, einzurechnen. Diese Defizienz war im Umkehrschluss aber auch ein starkes Argument: Was künstlerisch immer nur unzureichend umgesetzt werden kann, weist sich derart bereits als der irdischen Verfügbarkeit enthoben aus. Schon im Vorfeld, bevor Bernadette Soubirous ihr (negatives) Urteil über die Marienstatue für die Grotte von Massabielle fällte, tröstete Pfarrer Peyramale den Künstler:

„Seien Sie darüber nicht traurig. Das wird in keiner Weise eine Kritik an Ihrem Werk sein, sondern wird Ihnen einen neuen Beweis der Wahrheit der Erscheinung geben."[14]

Die verminderte Macht des Bildes der Erscheinung bekräftigte die Authentizität des Wunders und steigerte die Macht des Erscheinenden.

III.

Da die Marienerscheinungen den Zeitgenossen und uns nur über die mentalen Bilder der Augenzeugen zugänglich sind, und auch diese sich nur in den Beschreibungen der Augenzeugen manifestieren können, ist nach der Relation von Bildern zu den Beschreibungen von Bildern zu fragen. Und es ist nach der Relation der Bilder zu anderen Bildern zu fragen. Die Beschreibungen der Erscheinungen und die Bilder nach den Beschreibungen riefen Vor-Bilder auf, erzeugten Nach-Bilder. In den Repräsentationen der Erscheinungen konnten diverse Bilder und Bildtypen sich überlagern oder miteinander konkurrieren. Neben der Macht, die Bilder wie etwa das libanesische Gnadenbild als „objets-personnes" ausüben, neben der relativierten Kraft, die dem ‚Augenzeugenbild' eignet, neben der Autorität, die der sakrale Ort auch dem ‚nicht-authentischen' Bild verleihen kann, muss also von einflussreichen Bildformeln die Rede sein. Der Vorgang, wie sich Bildtypen ihre Kraft über lange Zeit hindurch behaupten, sich fortzeugen in wiederum (mehr oder weniger) einflussreiche Bilder, lässt sich annäherungsweise vergleichen mit dem Weg, den die von Warburg so bezeichneten „Pathosformeln" durch die Geschichte gehen. Annäherungsweise freilich nur: Die Bilder, um die es im Folgenden zu tun sein wird, rufen keine Archetypen auf; das kollektive Unbewusste fungiert nicht als Agent der Wanderung und Transformation der Bilder. Insofern dürfen diese Bildformeln nicht darauf vertrauen, ganz unabhängig vom bewussten Wollen der menschlichen Akteure präsent zu bleiben. Die Macht der von einer mächtigen Bildformel ‚informierten' Bilder ist zudem nicht ungefährdet: Sie können von konkurrierenden Bildern, darunter gelegentlich ihren eigenen Filiationen, unbedeutender gemacht, marginalisiert, im äußersten Fall vergessen gemacht werden.

Einer sehr einflussreichen Bildformel gilt im Folgenden das Hauptaugenmerk. Quer zu den Abschnitten, die über die vier bedeutendsten Marienerscheinungen des französischen 19. Jahrhunderts handeln, verläuft die Geschichte eines bestimmten Marienbildtypus, der sowohl die mentalen Bilder der Seher als auch die konkreten Bilder ‚informieren' und/oder mit ihnen konkurrieren konnte. Ein Beitrag zur marianischen Ikonographie und zur Typologie des Marienbildes wird diese querverlaufende Bildgeschichte nur bedingt sein. Typenbildung ist im Alltagshandeln wie in der üblichen wissenschaftlichen Praxis der Versuch der „Reduktion der Komplexität durch Auswahl und Verdichtung von Information".[15] Diese v. a. auf die Typologie in der empirischen Sozialforschung bezogene Definition sieht in der Typenbildung eine Abstraktionsleistung. In der Bildgeschichte kann sich das Abstraktum konkretisieren. Der Bildtypus fasst nicht unbedingt nur die Einzelbilder zusammen, sondern teilt sich ihnen mit. In diesem Sinne sollen im Folgenden Typologie und Ikonographie nicht als Instrumente der Wiedererkennung und Etikettierung von Bildern eingesetzt werden, sondern sollen Ausgangspunkt einer Geschichte sein, in der dieser Marienbildtypus agiert und in der mit ihm agiert wird: die Geschichte der Jungfrau Maria, die die Arme nach unten ausbreitet und die Hände einladend nach außen öffnet oder schirmend nach unten kehrt.

IV.

Ein Urteil über die Wahrheit der Marienerscheinungen in der Rue du Bac, in La Salette, in Lourdes und in Pontmain wird der nachfolgende Text nicht liefern, und er wird sich schon gar nicht den Phänomenen mit Polemik nähern. Die Phänomene und die Protagonisten sind ernst zu nehmen. Selbst ein Émile Zola, dessen Roman („Les trois villes: Lourdes", 1894) die Glaubwürdigkeit der Wunder in Lourdes massiv untergrub, im Gegenzug allerdings den Bekanntheitsgrad des Wallfahrtsortes beträchtlich erhöhte, zweifelte nicht an der Integrität der Bernadette Soubirous.[16] Zola diagnostizierte Halluzinationen der Seherin und Autosuggestion der in Lourdes Geheilten. Folgt man der konstruktivistischen Zugangsweise Isabelle Stengers', muss und soll man sich gar nicht auf den Antagonismus von ‚vernünftig' im aufklärerischen Sinne und dem mit den Praktiken und Erfahrungen der Magier und Seher geradezu selbstverständlich assoziierten ‚Unvernünftigen' festlegen lassen. Isabelle Stengers plädierte in Einklang mit dem ethnopsychiatrischen Ansatz Tobie Nathans dafür, alternative Kausalitäten in ihren Milieus als gleichberechtigt neben der anderen, einem anderen System der Verknüpfung von Ursache und Wirkung zugehörigen Diagnose – Zolas Diagnosen von „Halluzination" und „Autosuggestion" beispielsweise – anzuerkennen. Kriterium ist für Stengers die „Wirksamkeit" („efficacité"), und Wirksamkeit wird man der Erscheinung in der Grotte von Massabielle gewiss nicht absprechen.[17]

Wirklichkeit mit Wirksamkeit gleichzusetzen, ist allerdings ein nicht unproblematisches Konzept, zumal, wenn es (wie bei Karin Harrasser und Katrin Solhdju) mit dem utilitaristischen Wahrheitsrelativismus von William James begründet wird (Kriterium ist der „Barwert").[18] Betrug gilt es – besonders seit dem Anbruch des „postfaktischen" Zeitalters – zu entlarven, Selbsttäuschung gilt es aufzuklären, doch – und das ist die andere Seite, und eben nicht die Seite der „alternativen Fakten" – nicht jede Erfahrung des Einbruchs des Anderen in die vertraute Wirklichkeit ist notwendig arglistige Täuschung oder naive Selbsttäuschung. Grundsätzlich geht es um den Respekt für die Wirklichkeitswahrnehmung anderer und um die Einsicht, dass das gemeinhin als „herrschend" charakterisierte naturwissenschaftliche Weltbild auch von Naturwissenschaftlern in wesentlichen Punkten für instabil, zumindest für (noch) nicht kohärent gehalten wird. Vielleicht ist Bernadette tatsächlich die Jungfrau Maria erschienen, vielleicht auch nur irgend etwas (als „Aquéro" – „Das da" bezeichnete Bernadette zunächst das, was ihr in der Grotte von Massabielle begegnet war). Vielleicht war es eine Begegnung vergleichbar der der Bewohner des Linienlandes mit dem alten Quadrat oder dem Besuch der Kugel beim alten Quadrat in Flächenland, wie von Edwin Abbott Abbott 1884 beschrieben („Flatland"); vielleicht war es aber doch keine von der Visionärin unabhängige äußere Wirklichkeit, sondern ein entäußertes inneres Bild.

In gewisser Hinsicht bedeutet der konstruktivistische Wirklichkeitsrelativismus auch eine Herabwürdigung des Anspruchs auf Glaubwürdigkeit einer Bernadette, einer Catherine Labouré, von Mélanie und Maximin oder der Kinder von Pontmain. Das erschütterndste Selbstzeugnis der Bernadette Soubirous ist die Frage, die sie sich später als Nonne in Nevers stellte: „Mein Gott, wenn ich mich getäuscht hätte".[19] Es hätte Bernadette nicht getröstet, wenn man ihre Wahrheit und die von ihr bezeugte Wirklichkeit der Erscheinung in der Grotte nur am Grad ihrer Wirksamkeit beurteilt hätte.

Die in diesem Buch gewählte Zugangsweise zu den mirakulösen Phänomenen ist also weder affirmierend noch ablehnend, sondern agnostisch. Sie rechnet, wie bereits zugestanden, als Möglichkeit deshalb auch ein, dass Bernadette sich nicht getäuscht hatte. Einem Kunsthistoriker darf dieser Schritt hin zur Anerkennung anderer Praktiken als der üblichen, anderer Erfahrungen als der vertrauten, anderer Dimensionen der Wirklichkeit (nicht unbedingt anderer Wirklichkeiten und Wahrheiten) als derjenigen, in die wir uns alltäglich einrichten, nicht zu schwer fallen, da er es unabhängig von den Realitätszuweisungen, die Psychologie (Psychiatrie), Soziologie oder Theologie vornehmen, mit wirklichen Bildern zu tun hat, die wirklich wirken können. Zudem: Auch falsche Bilder können wirken, und falls Bilder in ihrer Wirkung unzureichend sind, dann manifestiert „ihre Machtlosigkeit, ihre Ohnmacht" immer (zumindest) noch den Anspruch, als aktive, lebendige Instanz wahrgenommen zu werden.

Die Bilder, denen dieses Buch gewidmet ist, sind von unterschiedlichen Seiten her in die Kritik geraten. Dem Urteil der Visionäre hielt keines der Bilder zur Gänze, die meisten überhaupt nicht stand, und ausnahmslos alle diese Bilder fielen durch das ästhetische Raster der Moderne und wurden dementsprechend vom Fach Kunstgeschichte verachtet oder vergessen. Auch diese Bilder sind ernst zu nehmen. Trotzdem oder eben deswegen. Eine „dichte Beschreibung" kündigte ich oben an – es war in Hinblick auf gängige ästhetische Erwartungen auch eine Drohung.

Rue du Bac, Paris
I. Die Geschichte der „Wundertätigen Medaille"

1830 erschien die Jungfrau Maria der jungen Nonne Cathérine Labouré zum ersten Mal. Zwei (möglicherweise drei) weitere Erscheinungen folgten im selben und/oder im Verlauf des kommenden Jahres. Während einer der Erscheinungen (Catherine Labouré zufolge am 27. November 1830)[20] hatte die Jungfrau die Weisung gegeben, eine Medaille mit dem Geschauten herstellen zu lassen. Erst nach längerem Zögern ließ sich Cathérines Beichtvater, Jean Marie Aladel, von der Echtheit der Visionen überzeugen. 1832 bat er den Pariser Erzbischof Hyacinthe-Louis de Quélen um die Erlaubnis zur Prägung der Medaille, die dieser mit der Begründung erteilte, er sähe darin nichts Unziemliches und nichts, was dem Glauben der Kirche zuwider stünde.[21] Aladel beauftragte daraufhin (Ende Mai oder Anfang Juni 1832) den Pariser Goldschmied Adrien-Jean-Maximilien Vachette mit der Produktion der Medaille (Abb. 5, 6, 7).[22]

Abb. 4 Lecerf, Die Erscheinung in der Rue du Bac, 1835

Auf der Vorderseite der Medaille senkt Maria die Arme und öffnete die Hände einladend nach außen. Von den Handrücken gehen Strahlen aus. Ein ovaler Rahmen mit der Inschrift: „Ô Marie, conçue sans péché, priez pour nous qui avons recours à vous" („O Maria, ohne Sünde empfangen, bitte für uns, die wir unsere Zuflucht zu Dir nehmen") fasst die Gestalt ein. Die Rückseite der Medaille zeigt das von einem Kreuz überhöhte Monogramm M. Die Herzen Jesu und Mariens (ersteres umwunden mit der Dornenkrone, letzteres von einem Schwert durchbohrt) befinden sich unterhalb, und umgeben sind die Zeichen von 12 Sternen. Ein Querbalken verbindet Marienmonogramm und Kreuzzeichen.

Der Ikonographie der Medaille liegen die Angaben Aladels über die Vision seines Beichtkindes zugrunde, die er erstmals brieflich am 17. März 1834 formulierte: Eine Person (Aladel nannte keinen Namen) habe ihm anvertraut, dass sie gleich einem Bild („tableau") die Heilige Jungfrau so gesehen habe, wie sie üblicherweise („d'ordinaire") als „Unbefleckte Empfängnis" abgebildet werde. Maria sei aufrecht gestanden, habe beide Arme ausgestreckt. Die gesendeten Strahlen seien Symbol der Gnaden, die den Menschen zuteil würden. Von goldenen Lettern mit der Anrufung „Ô Marie, conçue sans péché, priez pour nous qui avons recours à vous" sei das Bild umgeben gewesen. Wenig später habe es sich gewendet. Auf seiner Rückseite hätten sich ein M unter einem Kreuz und darunter die Herzen von Jesus und Maria gezeigt. Erneut habe die Erscheinung gesprochen, die Prägung einer Medaille nach ihrem Bild gefordert, verbunden mit der Verheißung, dass diejenigen, die diese Medaille trügen und fromm das Gebet sprächen, unter dem besonderen Schutz der Muttergottes stünden.[23] Aus dem Vorjahr, vom 5. August 1833, datiert der erste erhaltene Bericht über die Erscheinung in der Rue du Bac. Charles-François Lamboley informierte sicher in enger Absprache mit Aladel in einem Rundschreiben die spanischen Interessenten der Medaille über die Hintergründe: Auch Lamboley sprach bei der Erscheinung von einem Bild („cuadro"), und auch er betonte, Maria habe ihre Hände ausgestreckt, so wie man gewöhnlich („ordinariamente") die „Unbefleckte Empfängnis" darstelle.[24]

Die bald eingehenden Nachrichten von wunderbaren Heilungen im Verlauf der im Februar 1832 in Paris zum Ausbruch gekommenen Choleraepidemie trugen der Medaille seit 1834 den Ehrennamen der „Médaille miraculeuse"[25] und dem Mutterhaus der dem hl. Vinzenz von Paul verpflichteten Filles de la Charité an der Rue du Bac in Paris fortdauerndes sprituelles Renommée ein. Hier, in der Kirche der Vinzentinerinnen empfing Cathérine Laboureux ihre Visionen,[26] hier, im rechten Seitenaltar der Chapelle Notre-Dame de la Médaille Miraculeuse, sind die 1933 unverwest aufgefundenen sterblichen Überreste der 1947 Heiliggesprochenen als Ganzkörperreliquie aufgebahrt.[27]

Neben den Heilungen von Cholera-Kranken war es eine Bekehrungsgeschichte, die die Macht der Medaille bezeugte und verstärkte. (Dass diese Bekehrungsgeschichte auch antisemitisch instrumentalisiert wurde, sei angemerkt). Der jüdische Bankier Alphonse Ratisbonne war seinem Bruder, der zum Katholizismus konvertiert, Priester geworden war, im Besonderen, der römischen Kirche im Allgemeinen in Abneigung verbunden.[28] Während eines Rom-Aufenthaltes im Jahr 1842 lernte er Baron Théodore de Bussière kennen, der ihn drängte, ein Bernhard von Clairvaux zugeschriebenes Gebet an die Muttergottes („Memorare, O piissima Virgo") morgens und abends zu sprechen und die „Wundertätige Medaille" am Hals zu tragen. Ratisbonne kam diesen Wünschen eher amüsiert nach.

Am 20. Januar trafen sich die beiden in der Via Condotti. Ratisbonne willigte ein, mit seinem französischen Landsmann eine Spazierfahrt zu unternehmen; dieser bat sich noch etwas Geduld aus, um in der nahegele-

Abb. 5, 6, 7 Vachette, Adrien-Jean-Maximilien, Médaille miraculeuse, 1832 oder wenig später

genen Kirche Sant'Andrea delle Fratte in Vorbereitung des Begräbnisses eines Freundes für die Familie des Toten eine Reservierung vorzunehmen. Ratisbonne besichtigte unterdessen die Kirche, die auf ihn ärmlich, kunstlos wirkte – zu Unrecht: Seit 1729 besitzt die Kirche zwei der Hauptwerke des alten Bernini. In der Kirche begegnete ihm ein schwarzer Hund,

„der vor meinen Schritten hin und her sprang, wärend ich mechanisch ging, um mich schaute, ohne mich bei einem Gedanken aufzuhalten.... Plötzlich war mir der Hund verschwunden, die ganze Kirche war mir verschwunden, ich sah nichts mehr ... oder vielmehr ich sah, Gott weiß es, nur Eines allein. Wie kann ich überhaupt davon sprechen! Menschliche Worte können ja doch das Unausprechliche nicht ausdrücken. Jede Beschreibung, und sei sie auch noch so erhaben, kann nur eine Entheiligung der unauslöschlichen Wahrheit sein. Ich lag in Tränen gebadet, bewußtlos auf dem Boden, als Herr von Bussière mich wieder ins Leben zurückrief. Ich konnte auf seine vielen Fragen nicht antworten. Aber schließlich nahm ich das Medaillon, das ich auf der Brust trug, und mit überströmendem Gefühl küßte ich das gnadenstrahlende Bild der Jungfrau. Ja, sie war es, sie war es wirklich!"[29]

Die Bekehrung Ratisbonnes war nachhaltig. Er nahm die Auflösung seiner Verlobung in Kauf,[30] ließ sich zum katholischen Priester weihen, gründete die Kongregation der

Abb. 8 La Médaille miraculeuse, Lithographie, signiert von Jean-Marie-Baptiste Vianney im Mai 1836

Sionsschwestern und wirkte in Jerusalem als Missionar.[31] Der von Théodore de Bussière niedergeschriebene Bericht vom 30. Januar schildert die Bekehrung aus seiner Sicht: Nachdem er den Verpflichtungen gegenüber der Familie des Verstorbenen nachgekommen war, suchte er Alphonse de Ratisbonne in der Kirche und fand ihn kniend vor der Schutzengelkapelle. Erst nachdem er ihn drei- oder viermal angestoßen hatte, wurde Ratisbonne seiner Gegenwart bewusst. Bussière geleitete den Entrückten nach draußen. Auf die Fragen Bussières hin zog Ratisbonne die „Wundertätige Medaille" heraus und bedeckte sie mit Küssen und Tränen. Père de Villefort, zu dem Ratisbonne auf seine Bitte nach einem Beichtvater hin gebracht wurde, befahl ihn, sich zu erklären. „Daraufhin holt er seine Medaille heraus, küsst sie, zeigt sie uns und ruft aus: Ich habe sie gesehen, ich habe sie gesehen!"[32]

Das Bild auf der „Wundertätigen Medaille" war lebendig geworden. „Mein Herr", wurde Ratisbonne am Tag nach seiner Bekehrung von General Chlapamky gefragt,

„Sie haben es also gesehen, sagen Sie mir, wie war das Bild der Heiligen Jungfrau? – Das Bild, mein Herr, rief Alphonse sogleich aus, das Bild, aber ich habe sie in Wirklichkeit gesehen, in Person, so wie ich Sie hier sehe!"[33]

Verwahrte sich Ratisbonne mit seiner Entgegnung auf die Frage Chlapamkys dagegen, das unlebendige Bild auf der Medaille gegen die Lebendigkeit der Erscheinung auszuspielen? Maria konkurrierte in Sant'Andrea delle Fratte nicht mit ihrem Bild, sondern wiederholte den wunderbaren Vorgang: Cathérine Labouré hatte in der Rue du Bac ein „tableau" gesehen, das lebendig wurde; in Sant'Andrea della Fratte erzeugte das inzwischen als Medaille materialisierte „tableau" der Erscheinung erneut eine Erscheinung. Bemerkenswert ist in diesem Zusammenhang, dass auch die Medaillenrückseite in der Bekehrungsgeschichte eine Rolle spielte. In der Nacht zuvor hatte Ratisbonne von einem Weg geträumt, an dessen Ende ein Kreuz ohne Gekreuzigtem stand. Der Blick auf die Medaille nach dem Bekehrungserlebnis bewies ihm, dass es das Kreuz des Revers gewesen war, das ihm im Traum erschienen war.[34]

Massenhaft wurde und wird die Medaille verbreitet, in unterschiedlichen Größen und unterschiedlichen Materialien. Allein Vachette produzierte in seiner Münzprägefabrik zwischen 1832 und 1842 zwei Millionen Exemplare in Gold und Silber und 18 Millionen aus Kupfer;[35] beim Tod der Seherin im Jahr 1876 waren es insgesamt mehr als eine Milliarde.[36] Vachette hatte kein Monopol auf die Produktion. Elf weitere Fabrikanten in Paris, vier in Lyon und zahlreiche andere in Frankreich und außerhalb Frankreichs stiegen in die Produktion ein.[37] Beworben und verbreitet wurde die Medaille v. a. von der Kirche Notre-Dame des Victoires aus, die sich zum Pariser Zentrum des Kampfes gegen den Laizismus in Frankreich herausbildete.[38]

Maßgeblichen Anteil an der weiteren Karriere der Medaille nahmen zwei Männer: Der schon zu Lebzeiten als heiligmäßig verehrte Pfarrer von Ars, Jean-Marie-Baptiste Vianney, förderte nachdrücklich die Verbreitung der Medaille. Farbige Lithographien mit dem Marienbild der Medaille ließ er sich von den Druckereien Pintard und Turgis aus Paris kommen, signierte sie und gab sie gegen eine

Abb. 9 Laporte (Händler), Chapelle Notre-Dame de la Médaille miraculeuse, 1834/35, Ars, Pfarrkirche

Spende für die Armen seiner Gemeinde weiter (Abb. 8).³⁹ 1836 weihte er in seiner Pfarrkirche eine Statue nach dem Typus der Medaille ein. Die heute aus statischen Gründen ihrer Gnadenstrahlen beraubten Statue bekrönt ein Tabernakel, dessen Tür den Revers der Medaille abbildet (Abb. 9).⁴⁰

Giovanni Maria Mastai Ferretti, damals Bischof von Imola, bestellte am 11. April 1836 für die Volksmission „mindestens 200 Medaillen der bekannten Madonna del Concezione (…) besser wären 300".⁴¹ Wiederholt ließ er größere Mengen der „Wundertätigen Medaille" aus Rom kommen.⁴² Papst Gregor XVI. hatte bereits die Verbreitung der Medaille gefördert, u. a. indem er die Bekehrung Alphonse Ratisbonnes offiziell als wundertätige Wirkung der Wundertätigen Medaille bestätigte.⁴³ 1846 folgte Giovanni Maria Mastai Ferretti Gregor auf dem Papstthron nach. Als Papst Pius IX. ließ er selbst die „Wundertätige Medaille" prägen und steigerte die Attraktivität des Bildes mit Ablässen.⁴⁴ Am 8. Dezember 1854 dogmatisierte Pius IX. den Jahrhunderte alten, in der Anrufung auf der „Wundertätigen Medaille" massenhaft veröffentlichten, freilich nicht von allen Theologen geteilten Glauben – langen Widerstand leisteten insbesondere die Dominikaner –, dass die Tochter von Joachim und Anna ohne den Makel der Erbsünde empfangen worden sei. Die Bulle „Ineffabilis Deus" ruft mit der Rede von der „Unbefleckten Empfängnis", die der Welt wie die Morgenröte aufgegangen sei, die ihre Strahlen überall hin aussende,⁴⁵ die Bildtradition der von einem Strahlenkranz umgebenen „Immaculata" im Allgemeinen und im Besonderen vielleicht auch die Gnadenstrahlmadonna der Medaille auf.

Cathérine Labouré hatte ein Bild gesehen, dies nicht nur im übertragenen Sinn, ein Bild, das ein Bild einforderte. Die als Bildrahmung erscheinende Inschrift wies die Erscheinung als die „Unbefleckte Empfängnis" („Marie, conçue sans péché") aus. Insofern das Marienbild auf dem Avers der „Wundertätigen Medaille" beanspruchte, authentisches Abbild der Vision zu sein, sah sich die Ikonographie der „Unbefleckten Empfängnis" vor einer schwer zu umgehenden Vorgabe. Vachettes Medaille verbreitete ein mächtiges Bild, dessen Macht mit der milliardenfachen Verbreitung entsprechend anwuchs.

II. Medialität und Materialtät der „Wundertätigen Medaille"

Als massenhaft reproduziertes Bild entspricht die Medaille zunächst allen Kriterien, die Walter Benjamin dem „Kunstwerk im Zeitalter seiner technischen Reproduzierbarkeit" zugesprochen hat, außer, dass sie nicht als Reproduktion eines Kunstwerks erfahren werden will. Der massenhaften Verbreitung korrespondieren preiswerte Materialien. Doch neben den unzähligen kleinen billigen Medaillen aus Kupfer oder Aluminium, wurden und werden größere Formate und anspruchsvollere Objekte aus versilbertem und vergoldetem Messing, schließlich aus Silber und Gold zu entsprechend höheren Preisen angeboten. Für die Wirksamkeit der Medaille hat der vom Format und

Abb. 10 Médaille miraculeuse, neueres Exemplar

vom Material abhängige größere oder geringere Verkaufswert allerdings keinerlei Bedeutung. Es ist keine Heilungs- oder Bekehrungsgeschichte überliefert, in der die höhere Wertigkeit einer Medaille irgend eine Rolle gespielt hätte. Trotzdem ist es die Medialität und die Materialität, die die Medaille wirklich und wirksam macht.

„Doch ein Medium ist mehr als die Materialien, aus denen es zusammengesetzt ist."[46] Es ist, wie William J. Thomas Mitchell in Anlehnung an die, bei gleichzeitiger Differenzierung von der Position Raymond Williams' betont hat, „eine materielle soziale Praxis, ein Gefüge von Fähigkeiten, Gewohnheiten, Techniken, Werkzeugen, Kodes und Konventionen."[47] Zur Medialität und Materialität der „Wundertätigen Medaille" gehört eben nicht nur (eher am wenigsten) das Aluminium-, Kupfer-, Silber-, Goldsein dazu, sondern der dauerhafte Kontakt des Sakramentale mit dem Körper, d. h. die Hautnähe des an einer Halskette getragenen geweihten Dinges. Die bereits von Cathérine

Abb. 11 Médaille miraculeuse, neueres Exemplar

Labouré als „tableau" erfahrene Erscheinung wirkt als materialisiertes Bild, das seltener gesehen, dauerhaft aber gefühlt wird.

Nur vorläufig lässt sich Benjamins Definition des nichtauratischen „Kunstwerks im Zeitalter seiner technischen Reproduzierbarkeit" an die Medaille anlegen. Denn wenn Benjamin Aura umschrieb als „einmalige Erscheinung einer Ferne, so nah sie sein mag"[48], dann trifft auch das auf die Medaille zu. Das Heilige als das prinzipiell Abständige und Abgehobene ist zugleich nah – hautnah. Und mag das Bild der Gnadenstrahlmadonna auch milliardenfach reproduziert sein, das Ding mit dem Bild um den Hals ist da, wo es ist, und wie der Träger es erfährt, ganz einmalig. Insofern ist die „Wundertätige Medaille" nicht allein das wohl meistreproduzierte Bild vor dem digitalen Zeitalter, in jedem Fall das meistberührte Bild, es ist auch ein paradigmatisch auratisches Bild.

Das Marienbild der „Wundertätigen Medaille" ist freilich kein Gnadenbild mehr, das „die prekäre Balance zwischen Person und Objekt" hält und dergestalt tatsächlich ein Unikat sein muss (Belting);[49] es ist keine „objet-personne", wie es von Aubin-Boltanski definiert wurde. Was dann? Es ist zunächst ein Augenzeugenbild, ein vorgebliches Augenzeugenbild allerdings nur – die von der ‚Augenzeugin' vorgenommene Berichtigung dieser Feststellung wird nachgeliefert werden. Wirksamkeit entfaltet es in seiner materialisierten Form, ohne dass das Material der Materialisierung eine differenzierende Relevanz besäße. Die Materialität des Bildes war/ist sakral/magisch aufgeladen, nicht die Repräsentation, weil das Repräsentierte, die „Unbefleckte Empfängnis", selbst bereits als Bild erschienen war. Anders gesagt: Die semiotische Referenz des Avers der Medaille zu der Erscheinung ist, wenn man in der Terminologie von Peirce bleibt, die ikonische. Das Marienbild auf dem Avers der Medaille ist die bildliche Repräsentanz der Erscheinung. Da das Bildmedium der Medaille die Erscheinung bereits als Bild abbildet, wurde primär nicht das Bild der Jungfrau auratisch, sondern das Medium der Repräsentation. Im auratischen Bild, so die Definition Benjamins, fallen Repräsentation und Präsenz des Repräsentierten zusammen. Bei der „Wundertätigen Medaille" garantiert die materielle Präsenz des Mediums für sich die Wirksamkeit. Die Relation des Repräsentierten zum Repräsentierenden hat sich also verkehrt: Das traditionelle wundertätige Gnadenbild nimmt sich seine Medialität und seine Materialität zum Körper – „objet-personne". Die "Wundertätige Medaille" ist als Medium wundertätig und reicht seine Bildmacht an das Abgebildete weiter.

III. Das „übliche Bild" der „Unbefleckten Empfängnis"?

Der Anspruch des Marienbildtypus auf der Medaille meldet sich bereits in den zeitgenössischen Texten, die das auf die Medaille geprägte Bild „das übliche Bild" der „Unbefleckten Empfängnis" nennen. Tatsächlich markiert dieser Typus in der Bildtradition aber nur eine Variante.[50] Meistens verbindet sich in neuzeitlichen Versionen des Themas das Bild der „Immaculata" mit dem des apokalyptischen Weibes, wie es in der Offenbarung des Johannes (12,1) beschrieben ist:

„Am Himmel erschien ein großes Zeichen: Eine Frau mit der Sonne umkleidet, den Mond unter ihren Füßen und eine Krone von zwölf Sternen auf ihrem Haupte."[51]

Umgeben von Lichtstrahlen stellt beispielsweise ein Flugblatt des frühen 16. Jahrhunderts mit dem „gebet das Sixtus der vierd bapst gemacht hat zu (...) Maria / darin er erkat hat ir reine und unbeflecte empfengnüß" die „Immaculata" dar (Abb. 12).[52] Sie steht auf der Mondsichel; zwei Engel halten die Krone mit den 12 Sternen über ihr Haupt. Anders als das apokalyptische Weib, das „gesegneten Leibes (war) und schrie in ihren Wehen und Geburtsnöten" (12,2)[53] trägt Maria das Jesuskind und reicht ihm einen Apfel.

Das Weib der Offenbarung des Johannes konnte mit dem Lobpreis des Hohenliedes „Tota pulchra es amica mea et macula non est in te" kombiniert sein. Ein frühes, wenig nach 1500 entstandenes Gemälde, in dem die

Abb. 12 Anselm Thomas (Drucker), Flugblatt mit der Immaculata, vor 1516, München, Bayerische Staatsbibliothek

„Unbefleckte" von Symbolen der lauretanischen Litanei eingerahmt wird, findet sich in einer Tafel des Hochaltars von San Saturnino im spanischen Artajona (Abb. 13). Diesen Typus (jetzt mit dem von Maria getragenen Jesuskind und zusätzlich zu den Symbolen der lauretanischen Litanei dem siebenköpfigen Drachen der Offenbarung, der das Weib verfolgt) vertritt ein Holzschnitt aus Ingolstadt von 1577 (Abb. 14). Die „Immaculata" mit dem Kind ist in einer Lichtgloriole und steht auf der Mondsichel. Die Krone, über der 12 Sterne schweben, sitzt auf ihrem Haupt.[54] Statt auf der Mondsichel kann sich die „Immaculata" über einer Erdkugel erheben (Pachecos „Immaculata mit dem Dichter Miguel Cid" in der Kathedrale von Sevilla oder Murillos „Immaculata" im Sevillaner Museo de Bellas Artes) (Abb. 15, 16); kriecht über den Globus ein Drache oder eine Schlange, dann wird der apokalyptische Sieg des Weibes über Satan anschaulich (Abb. 17).[55] Gelegentlich (beispielsweise in Tiepolos Gemälde im Prado) tritt Maria sowohl auf die Mondsichel als auch auf den Globus mit der Schlange (Abb. 18).

Das Konzil von Trient vermied theologische Festlegungen, suchte den Kompromiss, erklärte aber, dass auf „die unbefleckte Jungfrau Maria" das Dekret über die Erbsünde nicht zutreffe und berief sich auf Papst Sixtus IV., den Förderer des Glaubens an die unbefleckt Empfangene.[56] In der Folge häuften sich die bildlichen Darstellungen.[57]

Die Mehrzahl der gegenreformatorischen Bilder stellt die „Immaculata" schwebend und ohne Kind dar. Sie steht auf der Weltkugel oder auf der Mondsichel, tritt häufig auf die Schlange. Ein Kranz von 12 Sternen umgibt ihr Haupt oder krönt sie. Die Sonne, die das apoka-

Abb. 13 „Tota pulchra es amica mea et macula non est in te", frühes 16. Jahrhundert, Artajona, San Saturnino, Hochaltar
Abb. 14 „Tota pulchra es amica mea et macula non est in te", in: Petrus Canisius, De Maria Virgine, Ingolstadt 1577

lyptische Weib „umkleidet", ist in der Regel durch eine Lichtaura veranschaulicht. Dabei faltet Maria häufig die Hände zum Gebet (Abb. 19). In Bildern El Grecos legt sie die Linke auf die Brust oder öffnet die beiden erhobenen Hände (Abb. 20); in einigen „Immaculata"-Bildern Murillos und bei Pierre Puget führt Maria ihre übereinandergelegten Hände zur Brust (Abb. 21, 22). Rubens ließ in seinem Gemälde im Prado die „Immaculata" die rechte Hand zum Segensgruß heben; die linke ist gesenkt und öffnet sich nach unten (Abb. 23). Filippo Parodi

linke Seite:
Abb. 15 Pacheco, Francisco, Die Immaculata mit dem Dichter Miguel Cid, 1621, Sevilla, Kathedrale
Abb. 16 Murillo, Bartolomé Esteban, Immaculata, um 1650, Sevilla, Museo de Bellas Artes
Abb. 17 Günther, Ignaz, Immaculata, Weyarn, Augustiner-Chorherren-Stiftskirche
Abb. 18 Tiepolo, Giovanni Battista, Die Unbefleckte Empfängnis, 1767–69, Madrid, Museo del Prado
Abb. 19 Reni, Guido, Die Unbefleckte Empfängnis, 1627, New York, Metropolitan Museum of Art

rechte Seite:
Abb. 20 El Greco, Die Unbefleckte Empfängnis, 1607–13, Toledo, Museo de Santa Cruz Cervantes
Abb. 21 Murillo, Bartolomé Estéban, Die Unbefleckte Empfängnis von Aranjuez, 1670–80, Madrid, Museo del Prado
Abb. 22 Puget, Pierre, Die Unbefleckte Empfängnis, 1668, Genua, Oratorio di S. Filippo Neri

Abb. 23 Rubens, Peter Paul, Die Unbefleckte Empfängnis, 1628, Madrid, Museo del Prado

wandelte die Gebärde ab – die Rechte ist vor die Brust geführt, die gesenkte Linke öffnet sich wie bei Rubens nach unten zu den Gläubigen (Genua, S. Luca) (Abb. 24). Selbstverständlich konnten auch beide Hände nach unten gesenkt, ausgebreitet sein, so wie dies später auf der „Wundertätigen Medaille" der Fall sein wird, doch – um es zu wiederholen – eine bevorzugte Rolle innerhalb der Ikonographie der „Unbefleckten Empfängnis" beanspruchte diese Haltung nicht. Es muss genügen, an dieser Stelle nur Juan de Roelas Gemälde in Valladolid zu erwähnen (Abb. 25). Das Bild von 1616, mit dem die Intention verbunden war, König Philipp III. dafür zu gewinnen, sich für die Dogmatisierung einzusetzen, umgibt die „Immaculata" mit den himmlischen und irdischen Befürwortern des Glaubensgeheimnisses und memoriert die Prozession von 1615 in Sevilla.[58]

Selbst wenn man sich auf die „Immaculata"-Darstellungen im persönlichen Umfeld des „Immaculata-Papstes" Pius IX. beschränkt, ist das Spektrum an Bildtypen groß: Maria kann auf „Immaculata"-Darstellungen sitzend dargestellt sein. Sassoferatos „Immaculata", die mit dem Jesuskind auf einer Wolkenbank lagert, war Pius IX. geschenkt worden (Abb. 26). Das Original gab er den Vatikanischen Museen, für seinen Schreibtisch orderte er eine Kopie.[59] Ein Bild der schwebenden „Immaculata" mit gefalteten Händen hing über dem Bett des Papstes im Quirinalspalast (Abb. 27). 1859 stiftete Pius IX. der der „Unbefleckten Empfängnis" in Genf geweihten neuen Kirche die Marienstatue, vor der er täglich gebetet haben soll (Abb. 28). Maria steht auf der Mondsichel und kreuzt die Arme über der Brust.[60] Giuseppe Obici schuf für die in Erinnerung an die Verkündigung des Dogmas der

Abb. 24 Parodi, Filippo, Die Unbefleckte Empfängnis, um 1700, Genua, S. Luca
Abb. 25 Roleas, Juan de, Allegorie der Unbefleckten Empfängnis, 1616, Valladolid, Museo Nacional de Escultura

„Unbefleckten Empfängnis" auf der Piazza di Spagna aufgerichtete Säule die bekrönende bronzene Marienstatue mit einer Geste – die rechte Hand zum Himmel geöffnet, die linke nach unten weisend –, die der von Rubens in seinem „Immaculata"-Gemälde des Prado gewählten ähnlich ist (Abb. 29). Die Wahl wird mit dem Papst abgestimmt, vielleicht sogar von ihm vorgegeben gewesen sein.[61] In engem Bezug zu Pius IX. steht auch die von der Genueser Statue Parodis vertretene Variante. Sie ist aufgegriffen in der „Immaculata" in einer der Chorkapellen von St. Peter, entstanden 1750 als Mosaikkopie nach einem 1735 bei Pietro Bianchi bestellten Ölgemälde, das

Abb. 26 Salvi, Giovanni Battista gen. Sassoferrato, Madonna mit Kind, um 1650, Rom, Musei Vaticani
Abb. 27 Anonym, Flucht Pius IX. aus dem Quirinal, 1848
Abb. 28 Immaculata, 1859, Genf, Notre-Dame

nach Bianchis Tod 1740 von dessen Schüler Gaetano Sardi vollendet wurde. Im Verlauf der Messe nach der Verkündigung des Dogmas krönte Pius IX. dieses Bild der „Unbefleckten Empfängnis" mit einem Juwelenkranz.[62]

Als das Konsistorium seine Arbeit beendet hatte, das Dogma verkündet war, schenkte der Papst am 8. Dezember 1854 den teilnehmenden Prälaten eine Graphik mit dem Bild der „Unbefleckten Empfängnis" (Abb. 30). Die Graphik visualisiert die „Immaculata" als auf der Mondsichel und der Erdkugel stehende, auf die Schlange tretende. Sie trägt einen Kranz von 12 Sternen; ein Strahlenkranz umgibt sie. Bekleidet ist sie, was für die spätere ikonographische Diskussion von Belang sein wird, nicht mit einem Mantel, sondern mit einem langen, bis zum Boden fallenden Schleier. Dargestellt ist sie ohne Kind und mit gefalteten Händen – beides ebenfalls insbesondere in Hinblick auf das ikonographische Paradigma der Lourdes-Madonna wichtig. Der Papst hatte das Bild von der Marchesa Maria Fassati anfertigen lassen, die mit ihrem Mann, dem Marchese Domenico Fassati, zu den frühesten

Abb. 29 Obici, Giuseppe, Die Unbefleckte Empfängnis, Rom, Piazza di Spagna, Colonna dell'Immacolata, 1857

Abb. 30 Fassati, Maria, Die Unbefleckte Empfängnis, 1854, Reproduktion in einem Jugendstilrahmen
Abb. 31 Piero della Francesca, Misericordia-Altar (Mitteltafel), 1445 bis um 1460, Sansepolcro, Museo Civico

Mitarbeitern und finanziellen Unterstützern Don Boscos gehörten.[63] Es ist ein Leitmotiv in der (Auftrags-)Geschichte und der Theorie der christlichen Kunst des 19. Jahrhunderts, dass der persönlichen Frömmigkeit des Künstlers, hier: der Künstlerin besonderer Wert zugemessen wurde. Angesichts der gestellten Aufgabe, das Dogma zu illustrieren, lag eine derartige Rücksichtnahme sehr nahe.

Die Graphik der Marchesa war sozusagen das visuelle Resümee des Dogmas, doch darf die Darstellung als die definitive ikonographische Festlegung des „Immaculata"-Papstes gelten? Die vorher genannten Bilder weisen eher auf eine vergleichsweise indifferente Haltung des Papstes gegenüber einem verbindlichen Bildtypus hin, und mit dem späteren Auftrag an Obici für die Bronzefigur auf der Piazza di Spagna hatte Pius erneut einen abweichenden Typus ins Spiel gebracht. Die Diskussion über den verbindlichen Bildtypus der „Unbefleckten Empfängnis" war gleichwohl eröffnet. Sie wurde kontrovers geführt, diskutiert wurde – siehe unten – nicht zuletzt mit Verweis auf die Graphik Maria Fassatis auch der von der „Medaille miraculeuse" ins ikonographische Spiel gebrachte Bildtypus. Das abschließende (verbildlichte) Wort Pius' IX. zu dem in der Bulle „Ineffabilis Deus" verbindlich vorgeschriebenen Glauben an die „Unbefleckte Empfängnis" Mariens war das an alle Teilnehmer des Konsistoriums verteilte Bildchen wohl nicht. Aber es markierte eine unumgängliche Position.

Keineswegs also ist die ihre beiden Arme nach unten ausbreitende Maria die „übliche" Darstellungsweise für die „Unbefleckte Empfängnis". Wo die ikonographischen Voraussetzungen für diesen Bildtypus zu suchen sind, deutet die Umschrift um die „Wundertätige Medail-

Abb. 32 Girolamo di Giovanni, Madonna della misericordia, 1463, Camerino, Museo Civico

Abb. 33 Ghirlandaio, Domenico, Madonna della Misericordia, um 1472, Florenz, Chiesa di Ognissanti, Cappella Vespucci

le" an („priez pour nous qui avons recours à vous"): Es ist die Bildtradition der den Schutzmantel ausbreitenden „Muttergottes der Barmherzigkeit".⁶⁴ Einige wenige Beispiele seien genannt. Die Auswahl berücksichtigt zum einen solche Beispiele, die bereits vertraglich oder durch Inschriften die Darstellung auf das Thema der „Muttergottes der Barmherzigkeit" festlegen. Zum anderen sollen die Beispiele Variationen im Verhältnis von Gebärde und Schutzmantel vor Augen führen:

An Piero della Francesca erging 1445 von der „Confraternità della Misericordia" in Borgo Sansepolcro der Auftrag für ein mehrteiliges Altarbild. Auf der Mitteltafel breitet Maria als „Madonna della Misericordia" ihren Mantel über die Schutzempfohlenen, darunter vermutlich den Maler (Abb. 31). Domenico Ghirlandaios Schutzmantelmaria im Lünettenfeld der Cappella Vespucci der Florentiner Ognissanti-Kirche erhebt sich auf einem Sockel, dessen Inschrift die Erde als von Gottes Barmherzigkeit erfüllt

Abb. 34 Lippo da Siena / Lippo Memmi (?), Madonna dei Raccomandati, um 1317, Orvieto, Dom, Capella del Corporale
Abb. 35 Maestro della Misericordia dell'Accademia, um 1380, Florenz, Galleria dell'Accademia

Abb. 36 Giovanni di Lorenzo, Die Unbefleckte Empfängnis beschützt die Sienesen in der Schlacht von Camollia, 1528, Siena, San Martino

bezeichnet („Misericordia domini plena est terra") (Abb. 33).⁶⁵ Auf dem 1463 gemalten Bild des Girolamo di Giovanni wird die Schutzmantelmadonna auf der Inschrift des rückwärtigen Steinbalkens als „Mater Misericordie" angerufen (Abb. 32). Pieros Madonna fasst mit beiden Händen an den Mantelstoff; in Girolamo di Giovannis Gemälde hält Maria den Mantel mit den Handrücken; Ghirlandaio schließlich überlässt das Geschäft des Mantelausbreitens den Engeln, so dass Maria die ausgebreiteten Arme freibekommt. Die Freistellung der die Hände ausbreitenden Maria aus der Schutzmantelikonographie ist also bereits Teil der Ikonographie der Schutzmantelmadonna.

In Lippo da Sienas „Madonna dei Raccomandati" (um 1317) nutzt Maria die Hilfe der Engel beim Schutzmantelöffnen, um ihre Hände zu falten (Abb. 34). Die „Madonna della Pietà" Francesco di Bartolomeo Pelosios (1468) wendet die Handflächen fürbittend nach oben, hin zu den posaunenblasenden und mit Schwertern bewaffneten Engeln, hin v.a. zu ihrem Sohn, der die Schutzbefohlenen Marias mit Pfeilen bedroht.⁶⁶ Ähnlich dem Marienbild der „Wundertätigen Medaille" ist bereits eine Darstellung des späten 14. Jahrhunderts in der Galleria dell'Accademia in Florenz (Abb. 35). Die von dem möglicherweise mit Giovanni Gaddi zu identifizierenden Maestro della Misericordia gemalte Tafel zeigt die „Advocata Universitatis" mit ausgebreiteten und nach unten gesenkten Armen. Die Handflächen öffnen sich schützend, schirmend über die Nonnen des Augustinerinnenklosters „Santa Maria in Candeli".⁶⁷ Die Ikonographie des Bildes läuft auf eine ikonische Tautologie hinaus. Das vom Schutzmantel ausgesprochene Versprechen auf Schutz und Schirm wiederholt sich im Gestus der Arme und Hände.

Nahe dem Marienbildtypus der Medaille ist schließlich ein Tafelbild von 1528. Für die Sieneser Kirche S. Martino malte Giovanni di Lorenzo die „Unbefleckte Empfängnis", die die Sieneser in der Schlacht von Camollia beschützt (Abb. 36). Im Hintergrund begleitet von musizierenden Engeln schwebt die „Immaculata" als Schutzmantelmaria mit weitgeöffnetem Gewand und ausgebreiteten Armen über dem Schlachtfeld. Giovanni di Lorenzo hatte den Mantel von schutzbefohlenem Personal freigeräumt, um Siena insgesamt einnehmen zu können. Gestus und Mantel verstärkten sich wie im Gemälde des Maestro della Misericordia wechselseitig. Die für das französische 19. Jahrhundert dominante Ikonographie wird der „Muttergottes der Barmherzigkeit" den Mantel wegnehmen, wird Schutz und Schirm der Sprache der Arme und Hände überlassen.

IV. Das Vor-Bild der „Wundertätigen Medaille": „Nostra Signora della Misericordia" von Savona

Mit Armen und Händen kann man sich aussprechen, deutlicher gelegentlich als mit der Zunge. Nach unten gesenkte Arme und nach außen geöffnete Handflächen sprechen von „größtmöglicher Freigebigkeit",[68] und wenn die mit diesem „Instrumentum instrumentorum" der Gestensprache sich artikulierende Jungfrau Maria und der Angesprochene der sündenbeladene Gläubige ist, dann darf letzterer erwarten, dass der göttliche Gnadenschatz über ihn ausgegossen wird. Marias „reine, interesselose Barmherzigkeit", ihre "brennende Liebe, jedem Gutes zu tun"[69] wird ausdrücklich. Nicht in Schatztruhen verbirgt sie die Gnadengaben, diese offenen Hände können gar nicht anders, als sofort die Gnadengaben auszuteilen.[70] Aus dem Gestus der offenen Hände und der nach unten ausgebreiteten Arme spricht aber auch die Bereitschaft zur Entgegennahme von Almosen, Gebeten, Opfern und Weihegaben.[71] Und im Nehmen gibt sie: „(D)iese ausgebreiteten Arme sind nur da, um gnadenvoll zu sein."[72]

Die eben paraphrasierte Übersetzung der Gestensprache der Muttergottes gab Teofilo il minore in seiner „Istoria della stupenda apparizione di Nostra Signora" von 1724. Giovanni Battista Alberti griff 1737 diese Exegese der Gebärdensprache der barmherzigen Savoneser Muttergottes auf und variierte sie: Die Hand, als „eines der vorzüglichsten Instrumente, die der Schöpfer der Natur dem Menschen gewährt habe" könne, was den Ausdruck der „Seelenregungen" anbelangt, „mit der Zunge wetteifern, sie übertreffen." Die gesenkten Hände als Ausdruck von Demut und Frömmigkeit gefielen dem göttlichen Sohn und würden ihn dazu bewegen, nicht mit der strafenden Geißel auf die Sünder einzuschlagen.[73]

Die Autoren beschrieben die Erscheinungen, die sich 1536 in Savona ereignet hatten. Während Antonio Botta, ein frommer betagter Bauer, am Samstag, den 18. März sich die Hände in einem Bach wusch, gewahrte er im Himmel eine Lichtfülle, die ihn zu Boden warf. Die Erscheinung gab sich als die Jungfrau Maria zu erkennen, hieß ihn, sich zu erheben, befahl ihm, sich einem Beichtvater anzuvertrauen, der zu drei Wallfahrten aufrufen sollte.[74] Als Botta, wie von der Jungfrau verlangt, am darauffolgende 4. Samstag den Ort der Erscheinung

Abb. 37 Savona, Santuario di Nostra Signora della Misericordia, Krypta

erneut aufsuchte, war die Vision deutlicher: Von Strahlenglanz umgeben sah er eine Frau, bekleidet mit einem weißen Mantel und einer goldenen Krone auf dem Haupt. Die Hände hielt Maria nach unten ausgebreitet. Nach der Ermahnung zu einem frommeren Leben und der Warnung vor dem Zorn ihres Sohnes, die Botta seinen Savoneser Mitbürgern übermitteln sollte, gab sie sich als „Nostra Signora della Misericordia" zu erkennen, als die sie seitdem am Ort der Erscheinung in Savona verehrt wird. Dreimal segnete sie den kleinen Wasserlauf, wobei sie beständig ausrief: „Misericordia, e non giustizia ò Figlio".[75]

Nachdem die Sorge, hinter der religiösen Bewegung könne sich eine politische verbergen, ausgeräumt war, blühte der Kult. An manchen Tagen zählte man mehr als 25.000 Pilger.[76] Schon im Jahr der Erscheinung 1536 wurde eine Kapelle errichtet, später die Kirche nach Plänen Antonio Sormanos. Die Krypta konzipierte vermutlich der Sohn des Architekten der Basilika – ein Vertrag ist auf 1557 datiert; die Dekorationsarbeiten werden Giovanni Battista Orsolino und seinem Sohn Giovanni zugeschrieben (Abb. 37).[77] Giovanni Battistas Vater Pietro Orsolino ist laut Inschrift auf dem Sockel der Künstler der 1560 für den Hauptaltar der Krypta in Auftrag gegebenen Marienstatue und des zu ihren Füßen knienden Antonio Botta (Abb. 38).⁷⁸

In Pietro Orsolinos hochverehrter „Nostra Signora della Misericordia" von Savona hat sich die mittels Gebärdensprache den Schutzmantel duplizierende Marienfigur aus dem ikonographischen Kontext des Schutzmantelbildes emanzipiert. Zumindest deutet der von den Handrücken zur Seite geschobene Schleier den Schutzmantel nur noch an. Die Einschränkung der Anzahl der Beschützten, eine Einschränkung, die selbst dann, wenn die Beschützten als Repräsentanten für eine größere Menge fungierten, anschaulich gegeben war, entfiel damit. Die „Madonna della Misericordia" war offen geworden für die Hilferufe aller Gläubigen.

Das Gnadenbild im „Santuario Nostra Signora della Misericordia" im ligurischen Savona ist der Prototyp des Marienbildes der „Wundertätigen Medaille". Wichtig waren allerdings die Zwischenschritte, Transformationen, die den Prototyp neuen Orten und neuen Adressaten anpassten. Zahlreiche italienische Städte eigneten sich über Nachbildungen das Prestige und die Macht des Savoneser Gnadenbildes an.⁷⁹ 1664 kam die gnadenreiche „Notre-Dame de Savone" nach Paris, und ab 1674 schüttete sie mit ihren geöffneten Händen Gnaden über die französische Nation aus. Bruder Fiacre ist diese Migration des Kultes verdankt. Denis Antheaume hatte als Frère Fiacre de Sainte-Marguerite von den Augustiner-Barfüßern sich mit einer Gebetsinitiative höchste Verdienste um die Dynastie der Bourbonen erworben. Lange war der Ehe von Louis XIII und Anne d'Autriche der Thronfolger versagt geblieben. Ab 1631 widmete Frère Fiacre seine Gebetsenergie diesem Anliegen. 1637 hörte er in einer Visi-

Abb. 38 Orsolino, Pietro, Nostra Signora della Misericordia, 1560 bestellt, Savona, Santuario di Nostra Signora della Misericordia

Abb. 39 Italien, Notre-Dame des Victoires, frühes 18. Jahrhundert, Paris, Notre-Dame des Victoires

on ein Kind seufzen, Maria bestätigte seine Vermutung, und tatsächlich gebar die Königin 1638 den demzufolge Louis Dieudonné getauften späteren Louis XIV.[80] Der das katholische Selbstverständnis der Nation prägende „Vœu de Louis XIII", mit dem der glückliche Vater Frankreich der Gottesmutter weihte, ist so gesehen zu wesentlichen Teilen ein Werk Bruder Fiacres.[81]

Als dann nach der Eheschließung Ludwigs XIV. mit Marie-Thérèse d'Autriche sich ebenfalls nicht sofort Nachwuchs einstellte, wurde erneut Bruder Fiacre eingeschaltet. Diesmal ging es rascher: Nachdem er eine Novene gebetet hatte, erschienen ihm Maria gemeinsam mit der hl. Teresa v. Avila, die in ihren Armen das Kind trug, das Gott für die Königin bestimmt hatte.[82]

Die dementsprechend enge Bindung an das Königshaus trug Frère Fiacre den Auftrag ein, das königliche Gelübde für den Abschluss des Pyrenäenfriedens zu erfüllen und drei Wallfahrten (darunter eine zur „Casa Santa" in Loreto) zu unternehmen. Das Schiff, mit dem er reiste, legte im Hafen von Savona eine Ruhepause ein. Das gab ihm Gelegenheit, das Gnadenbild in Savona zu besuchen; die diesem Bild entgegengebrachte Verehrung beeindruckte ihn tief. Sein Anliegen, die Verehrung der Jungfrau von Savona in Frankreich einzuführen, fand die Unterstützung von Königin Marie-Thérèse und Königinmutter Anne d'Autriche.[83] Fiacre bat daraufhin und nach gesicherter Finanzierung den französischen Konsul in Genua, eine Kopie des Gnadenbildes (mit der Figur des Sehers Botta) in Auftrag zu geben. Vorlage war eine Nachbildung in der Kapelle der Prinzessin Doria.[84] Die Ende 1663 vollendete Figurengruppe traf im April 1664 in Paris ein. Frère Fiacres Wunsch, für die Verehrung der Jungfrau von Savona ein weiteres Kloster seines Ordens auf dem Montmartre errichten zu lassen, scheiterte allerdings. Die jahrelange Verzögerung seiner Pläne für den neuen Kult lastete Fiacre den Machenschaften des Teufels an.[85] Es war aber wohl eher die Sorge der Äbtissin des bestehenden Nonnenklosters auf dem Montmartre, die Jungfrau von Savona könne die Attraktivität ihres Klosters mindern, die Fiacres Pläne vereitelten.[86] Auch die ‚kleine' Lösung blieb nach dem Tod von Fiacres mächtigster Fürsprecherin Anne d'Autriche im Jahr 1666 zunächst unverwirklicht: Erst Louis XIV ließ dann über Colbert in der bereits 1628 von seinem Vater Louis XIII nach der erfolgreichen Eroberung von La Rochelle gestifteten, aber erst 1666 geweihten Augustinerkirche Notre-Dame des Victoires eine Querhauskapelle nach Plänen Claude Perraults ausbauen, in der endlich 1674 „Notre-Dame de Savone" und der kniende Bauer Antonio Botta zur Aufstellung kamen.[87]

Während der Revolution wurde Notre-Dame des Victoires profaniert, die Marmorkopie nach dem Savoneser Gnadenbild aus der Kirche entfernt und am 7. Januar 1796 in Lenoirs Musée des Monuments français deponiert.[88] Am 9. November 1809 erlaubte Napoleon wieder die Nutzung als Kirche.[89] „Notre-Dame de Savone" blieb unauffindbar. Als eine erneute Suchaktion 1822 erfolglos verlief, begnügte man sich mit der weiß bemalten Stuckstatue einer Madonna mit Kind, die bis heute im rechten Seitenschiff „Notre-Dame de Savone" vertritt.[90] Der Ersatz hat längst den Ruhm des Ersetzten erreicht oder ist darüber hinausgewachsen. Die Vielzahl an Votivtafeln, die für wunderbare Heilungen danken, die regelmäßigen, sehr gut besuchten Messen vor dem neuen Gnadenbild sprechen für das hohe spirituelle Prestige dieses Ortes und dieses Bildes.[91] Die im Namen des Papstes erfolgte Krönung der Statue am 9. Juli 1853 war die erste Ehrung dieser Art, die einem französischen Bildwerk zuteil wurde.[92]

Vergessen war die Kopie nach dem ligurischen Gnadenbild nicht. 1836 weihte Abbé Désgenette seine Pfarrei dem „Unbefleckten Herzen Mariä". Die von ihm im selben Jahr gegründet Bruder-, später (1838) gegründete Erzbruderschaft von Notre-Dame des Victoires stellte er unter das Zeichen der „Wundertätigen Medaille".[93] Allen Mitgliedern der Erzbruderschaft – bereits 1846 belief sich ihre Zahl auf über 600.000 – legten die Statuten das Tragen der Medaille und das Sprechen der aufgeprägten Anrufung nahe.[94] Der Kreis schließt sich noch nicht ganz. Zwischen „Notre-Dame de Savone" und der Jungfrau auf der Vorderseite der Medaille vermittelte eine Marienstatue, die allein schon ihres Materialwerts wegen berühmt wurde, wegen dieses Werts allerdings später zerstört wurde.

V. Die Verallgemeinerung der Erscheinung in Savona. Edme Bouchardons Silbermadonna

Für Saint-Sulpice hatte Edme Bouchardon eine lebensgroße, massiv silberne Marienstatue entworfen.[95] Typologisch entspricht die Figur der von Frère Fiacre nach Paris importierten „Madonna della Misericordia", borgte von ihr das religiöse Prestige (Abb. 39). Mächtige Bilder zeugen mächtige Bilder. Der Auftrag war am 10. März 1733 ergangen, nachdem der Pfarrer von Saint-Sulpice vorher erfolgreich von seinen Pfarrkindern altes Silbergeschirr

Abb. 40 Sornique, Dominique. Stich nach: Bouchardon, Edme, Madonna von Saint-Sulpice, um 1744
Abb. 41 Chioselat-Gallien, Louis-Isidore, Die Unbefleckte Empfängnis von Saint-Sulpice (nach Edme Bouchardon), 1832, Paris, Saint-Sulpice, Sakristei

erbettelt hatte.⁹⁶ Am 20. März 1735 wurde „Notre-Dame de la Vieille-Vaisselle" in ihrer Nische in der Marienkapelle aufgestellt.

Das silberne Bild der „Unbefleckten Empfängnis" wurde berühmt, auch wenn der Graf von Caylus dem ausführenden Goldschmied vorwarf, die Schönheit von Bouchardons Entwurf entstellt zu haben.⁹⁷ Bouchardons Figur – genauer: ihr Materialwert – weckte Begehrlichkeit. Man fürchtete den Diebstahl der kostbaren Figur, scheute die Mühe der permanenten Überwachung. Bereits im Jahr nach der Aufstellung ging man dazu über, die Figur nur noch zeitweilig öffentlich zu zeigen und ansonsten durch eine gemalte Nachbildung Jean Chevaliers vertreten zu lassen.⁹⁸ Zum üblichen Aufbewahrungsort der Silbermadonna wurde, der Ausgabe des Paris-Führer Dezallier d'Argenvilles von 1752 zufolge, die Sakristei.⁹⁹ Da ein plastisches Bild in der Maria geweihten Chorscheitelkapelle das übliche war, trat 1774 an die Stelle der Silbermadonna Bouchardons die Marmormadonna Pigalles. Der frühe Biograph Pigalles Tarbé hob bezeichnenderweise – bezeichnend für die Charakterisierung Pigalles als Künstler – hervor, dass mit dem Materialwechsel „ein reines Kunstobjekt" entstanden sei.¹⁰⁰

In der Französischen Revolution wurde die Statue Bouchardons eingeschmolzen; tradiert ist sie durch eine Graphik Dominique Sorniques von 1744 nach dem Gemälde Chevaliers¹⁰¹ und durch Nachbildungen (Abb. 40). Eine verkleinerte Rekonstruktion fertigte Chioselat-Gallien 1832 für Saint-Sulpice (Abb. 41).¹⁰² Als Montalembert seine Stellungnahme zum aktuellen Stand der katholischen Kunst in Frankreich publizierte, war sein Urteil über Bouchardons Silbermadonna entschieden, entschieden ablehnend, und anders als der Graf von Caylus, der den ausführenden Gießer Villers kritisiert hatte, griff er Bouchardon direkt an. „Diese schreckliche Jungfrau des letzten Jahrhunderts" habe einen nichtssagenden Gesichtsausdruck; die Geste der ausgebreiteten Arme sei albern. Ohne Grazie und ohne Würde sei die Figur. Man habe den Eindruck, sie sei erfunden worden, um das Thema in der Kunst zu diskreditieren.¹⁰³ Montalembert argumentierte von der historistischen Warte her, feierte die deutschen Nazarener und die Neogotik der Engländer und der Deutschen. Bouchardons Madonna musste zusammen mit allem, was an religiöser Kunst seit der Renaissance entstanden war, abgelehnt werden. Seine Verurteilung der Bouchardonschen Silbermadonna dokumentiert aber zugleich die sehr große Popularität dieser – längst im Original nicht mehr greifbaren – Figur. Man fände sie, so Montalembert, „in allen Schulen, allen Klöstern, allen Pfarrhäusern."¹⁰⁴ Vor einem dieser billigen Surrogate, einer der zahlreichen verkleinerten Gipsreproduktionen, betete Therese von Lisieux als Kind und fühlte sich geheilt.¹⁰⁵ Mächtige Bilder zeugen mächtige Bilder. Die Geschichte dieser besonderen Übertragung von Bildmächtigkeit wird später nacherzählt werden.

Nicht zuletzt mit Graf Montalemberts Verurteilung der Paganisierung der christlichen Kunst seit der Renaissance setzt die avantgardische Kritik an der zeitgenössischen christlichen Architektur und Bildkunst ein, die mit besonderem Nachdruck die neuen Pariser Kirchenbauten und -ausstattungen einschloss. Montalemberts Diagnose des gegenwärtigen Zustands der religiösen Kunst in Frankreich war zuerst 1837 publiziert worden. Dass zu einer Zeit, in der die „Wundertätige Medaille" die Popu-

Abb. 42 Hérault, Immaculata, 1831, Paris, Notre-Dame des Blancs Manteaux
Abb. 43 Marochetti, Carlo, Maria-Magdalena beim Gebet von Engeln in den Himmel getragen, 1837, Paris, La Madeleine

larität dieser „albernen" Geste exponentiell ansteigen ließ, ein solches Urteil gefällt werden konnte, zeigt einerseits die Schärfe, mit der Montalembert mit der Kunst des Vorgängerjahrhunderts abrechnete, macht aber auch bereits die Bruchstelle sichtbar, an der in der Zukunft die Ästhetik der Gebildeten und die Bildfrömmigkeit der ‚einfachen' Menschen sich voneinander entfernen werden. Die von Montalembert zum Heilmittel einer neuen und echten religiösen Kunst beschworene architektonische Neogotik und die Malerei der Nazarener wird allerdings in einem zweiten Schritt wiederum von einer avantgardistischen „art sacré" abgewertet werden. Doch das ist eine andere Geschichte. Die „alberne" Geste der ausgebreiteten Arme jedenfalls erwies sich trotz Montalemberts Kritik als sehr durchsetzungsfähig. Der Pariser Erzbischof Hyacinthe-Louis de Quélen hegte für Bouchardons Madonna eine besondere Vorliebe. Als seine Gebete um die Bekehrung Tayllerands erhört wurden, stiftete er dem Kloster Notre-Dame de la Délivrance eine Marienstatue nach dem Vorbild der „Vierge de Bouchardon" (eingeweiht

Abb. 44 Mercandetti, Tommaso, Medaille zur Erinnerung an die Befreiung Papst Pius VII. (Avers / Revers), 1815

1838).¹⁰⁶ Dass Quélen 1832 ohne weitere Umstände sein bischöfliches Einverständnis für die Prägung der „Wundertätigen Medaille" gegeben hatte, geschah vermutlich nicht unabhängig von dieser ikonographischen Vorliebe.

Teofilo il minore und Giovanni Battista Alberti zogen, als sie die Gebärdensprache der dem Antonio Botta erscheinenden Muttergottes ‚lasen', eine Ebene ein, die der Offenbarung des Heiligen vorausliegt oder nachgeordnet ist, wie auch immer, die jedenfalls allgemeiner ist. Die Sprache dieses „Instrumentum instrumentorum" kann unabhängig von der konkreten religiösen Botschaft gehört und verstanden werden. Eine Phänomenologie der Gebärdensprache grundierte die Wirkmacht des Gnadenbildes in der Krypta von „Nostra Signora della Misericordia" in Savona, und die beschriebene Beredsamkeit der Gebärdensprache erleichterte die Übertragbarkeit in andere Zusammenhänge. Indem Bruder Fiacre den Kult der barmherzigen Gottesmutter von Savona in Paris importierte, importierte er einen Bildtypus, der das Potential mitbrachte, auch ohne die Geschichte der Erscheinung in Savona und ohne den Bauern Botta zu funktionieren, der aber eben auch das Potential hatte, andere Erscheinungen zu erzeugen bzw. – die Möglichkeit sollte nicht ausgeschlossen werden – von Maria bei anderen Erscheinungen angeeignet zu werden, je nachdem. Als Edme Bouchardon für Saint-Sulpice den Entwurf für eine Silbermadonna lieferte, entkontextualisierte er das Vorbild „Notre-Dame de Savone" in Notre-Dame-des-Victoires.

Abb. 45 Fain-les-Moutiers, Immaculata

Die rasche Karriere von Bouchardons Statue im Pariser Frömmigkeitsleben bestätigt, dass der Typus genug Kraft mitbrachte, um auch ohne die Referenz auf die Marienerscheinung in Savona funktionieren zu können.

Der Vandalismus der Revolutionäre bremste die Karriere des von Bouchardon aufgenommenen Typus nur zeitweilig. Nicht allein der Stich Sorniques, auch gemalte und plastische Nachbildungen hielten die Statue Bouchardons in Erinnerung. In den frühen 1830er Jahren intensivierte sich die Rezeption:

Eine monumentale und an liturgisch prominenter Stelle platzierte Adaption fand die „Immaculata" Bouchardons 1831. Hérault, einer der Bildhauer, die wie die meisten in diesem Buch erwähnten, von den einschlägigen Handbüchern und Lexika marginal oder – das ist der Fall bei Hérault – gar nicht berücksichtigt werden, schuf die überlebensgroße (2 m) große, weiß bemalte Tonfigur hinter dem Hochaltar von Notre-Dame des Blancs-Manteaux (Paris) (Abb. 42).[107] Die „Immaculata" steht auf dem Globus mit der Schlange; sie senkt die Arme und breitet sie aus. Vermutlich 1832 dann Chioselat-Galliens verkleinerte Wiederholung der Silberfigur Bouchardons in Saint-Sulpice. Das Marienbild auf der „Wundertätigen Medaille" war also gut vorbereitet, als Aladel dem Goldschmied Vachette den Auftrag zur Prägung gab, und in der Folge werden sich beide Bilder nur mehr schwer sauber trennen lassen. Jede Adaption des Bouchardon-Typus integriert immer auch schon die „Wundertätige Medaille" und umgekehrt.

Selbst ikonographisch war der Bouchardon-Typus flexibel geworden. Dank der motivischen Nähe zur Himmelfahrt Mariens – dazu später – ließ er sich in einem (vormals) prominenten Werk der religiösen Skulptur in Paris auf die in der Wüste büßende Maria Magdalena übertragen. „Dort ward sie (...) an jeglichem Tage zu den sieben Gebetsstunden von Engeln gen Himmel getragen." (Legenda Aurea).[108] Carlo Marochettis Marmorgruppe für den Hochaltar der Madeleine-Kirche in Paris stellt diese tägliche Elevation der Heiligen dar (Abb. 43). Die Entschwebende vollzieht mit dem für die Marienfigur der „Wundertätigen Medaille" und ihre ikonographischen Voraussetzungen typischen Gestus der nach unten gestreckten Arme und den nach außen geöffneten Handflächen die Gegenbewegung. Erhebung und Herablassung (im positiven Sinne) sind verschränkt.

Von Savona ging also der Weg der „Madonna della Misericordia" in die Augustinerkirche Notre-Dame des Victoires, von da nach Saint-Sulpice, von da (wohl über den Stich Sorniques und/oder die Nachbildung von Chioselat-Gallien und zusätzlich angestoßen durch die „Immaculata" über dem Hochaltar von Notre-Dame des Blancs-Manteaux) auf die „Wundertätige Medaille", die wiederum von der Erzbruderschaft von Notre-Dame des Victoires als Zeichen adaptiert wurde.

Napoleon setzte Papst Pius VII., nachdem dieser ihn exkommuniziert hatte, von 1809 bis 1814 zuerst in Savona, später auf Schloss Fontainebleau gefangen.[109] Während der Gefangenschaft in Savona – Napoleon hatte dem Papst ein gewisses Maß an Freizügigkeit gewährt – gelobte Pius VII. bei einem Besuch des Santuario di Nostra Signora della Misericordia, im Falle seiner Befreiung die verehrte Marienfigur zu krönen. Was er 1815, ein Jahr nach der Abdankung Napoleons und im Folgejahr seiner Befreiung dann auch tat.[110] Eine Medaille ließ Pius VII. 1815 nach dem Ende seiner Gefangenschaft unter Napoleon prägen (Abb. 44). Sie zeigt sein Büstenporträt und auf der Rückseite die Szene der Befreiung Petri aus dem Gefängnis. Das rückwärtige Medaillenbild analogisiert das Ende der Gefangenschaft von Pius VII. mit der Erzählung aus der Apostelgeschichte, nimmt dementsprechend aber eine signifikante Änderung vor. Der in Jerusalem eingekerkerte Apostel Petrus war von einem Engel aus dem Kerker geführt worden. Auf dem Revers der Medaille befreit Petrus stattdessen eine flügellose Frau mit ausgebreiteten und abgesenkten Händen. Der Engel der Apostelgeschichte hatte sich in „Nostra Signora della Misericordia" aus Savona verwandelt, der Pius seine Befreiung zuschrieb, und deren Statue er krönte. Die ikonographische Abkunft der Marienstatue (und der Marienerscheinung) in Savona von der Bildtradition der Schutzmantelmaria war dem Papst jedenfalls bewusst: Ebenfalls in Erinnerung an seine Befreiung ordnete er für den 24. Mai das Fest „Maria Hilfe der Christen", das so genannte „Schutzmantelfest", an.[111]

Alles das vermehrte den Ruhm des Bildtypus, und da die Auseinandersetzung von Pius VII. mit Napoleon exemplarisch für die Auseinandersetzung der katholischen Kirche mit der antikatholischen Stoßrichtung von Revolution, Empire und Julimonarchie einstand, bot er sich allein von daher schon als Emblem für den katholischen Widerstand (oder wenn man will: die katholische Reaktion) an. Catherine Labouré war seit Kindertagen mit diesem Marienbildtypus vertraut. In der Pfarrkirche ihres Heimatdorfes Fain-les-Moutiers betete sie kniend auf dem Steinfußboden so regelmäßig vor einem Marienbild, dass ihr davon zeitlebens eine Arthrose im Knie blieb (Abb. 45). Das Bild zeigt Maria als „Unbefleckte Empfängnis" auf der Mondsichel stehend und die Schlange tretend.[112] Die Hände senkt sie so und breitet sie so aus, wie das später auf der Vorderseite der „Wundertätigen Medaille" der Fall sein wird. Früh verlor Catherine Labouré die Mutter. Kurz nach deren Tod umarmte die Halbwaise eine im Sterbezimmer aufbewahrte Marienstatue und bat sie unter Tränen, ihr die Mutter zu ersetzen.[113] Der ersehnte Mutterersatz war ebenfalls eine Mariendarstellung im Bouchardon-Typus gewesen. Den von daher naheliegenden Schluss, das „tableau", das ihr in der Rue du Bac später erscheinen wird, habe sich aus den Bildererinnerungen heraus in eine Halluzination verwandelt,[114] sollte man allerdings nicht ziehen. Das Bild, das Catherine Labouré 1830 erschien, entspricht nicht dem Marienbildtypus der Pfarrkirche in Fain-les-Moutiers, auch nicht dem der Skulptur im Sterbezimmer der Mutter, und es entspricht nicht dem Marienbild auf der „Wundertätigen Medaille". Doch dazu später.

Von Aladel, Lamboley u. a. war, wie gesagt, das die Erscheinung memorierende Bild auf der „Wundertätigen Medaille" als der für die Darstellung der „Unbefleckten Empfängnis" „übliche" Typus beschrieben worden. Bereits ein flüchtiger Blick auf die ikonographische Tradition konnte belegen, dass dem nicht so war. Wenn also das Marienbild auf dem Avers der „Wundertätigen Medaille" nicht der übliche Typus der „Unbefleckten Empfängnis" war, mit der „Wundertätigen Medaille" wurde er es, allerdings nur dann, wenn man den ikonographischen Typus erster Ordnung, die von Savona her vorgegebene „Mater misericordiae", den die „Wundertätige Medaille" aufgriff, von dem ikonographischen Typus zweiter Ordnung, dem konkreten Marienbildtypus der Medaille, unterscheidet.

Es wird nach der Verkündigung des Dogmas der „Unbefleckten Empfängnis" eine angestrengte Diskussion über Details der Ikonographie der „Unbefleckten Empfängnis" geben. In dieser Diskussion wird die Gnadenstrahlmadonna der „Wundertätigen Medaille" kritisch in Hinblick auf den angemessenen Typus der „Unbefleckten Empfängnis" behandelt werden. Verzichtet man auf die Gnadenstrahlen, beschränkt man sich also auf den ikonographischen Typus erster Ordnung, dann darf man mit Corbin den Typus tatsächlich den zumindest in Frankreich ab Bouchardon und verstärkt ab den ersten Prägungen der „Wundertätigen Medaille" bis zu den Erscheinungen in der Grotte von Massabielle dominanten nennen. Und nach 1858 wird sich dieser Bildtypus lange dem von Lourdes sanktionierten Bildtypus widersetzen.

Insofern ist die Unterscheidung eines Typus erster Ordnung – die sich in der Gebärde der Arme und Hände ausspricht „Mater Misericordiae", wie sie Teofilo il minore und Alberti charakterisiert hatten –, von der Marienfigur auf der Médaille miraculeuse als Typus zweiter Ordnung wichtig. Die Unterscheidung ist wichtig und kann gleichzeitig in vielen Fällen nicht präzis getroffen werden. Weil Bildtypen nicht definierbare Abstraktionen, sondern ihrerseits bildwirklich sind, können sich die Grenzen zwischen Bildtypen erster, zweiter, auch dritter Ordnung, wenn man die Filiationen einbezieht, verwischen. Die typologischen Bestimmungen interferieren, weil sie mehr als wissenschaftlich verordnete Klassifikationen sind. In welchem Maße die ihres Schutzmantels entkleidete „Mater Misericordiae" von Savona, ihre Pariser Adaption, Bouchardons Adaption der Pariser Adaption der „Mater

Misericordiae" aus Savona bzw. die Maria der „Wundertätigen Medaille" abzüglich der Gnadenstrahlen zumindest bis 1858 als verbindlich für die Darstellung der „Unbefleckten Empfängnis" erachtet wurde, bestätigt ein 1854 in Lyon ausgetragener Rechtsstreit. Die Umstände des Verfahrens, die Argumente der Parteien und die Entscheidung des Kassationsgerichtshofes will ich aus folgenden Gründen ausführlicher referieren: erstens weil es sich um eine frühe Diskussion über Urheberrechtsfragen handelt; zweitens, weil in diesem Rechtsstreit die Typologie der „Unbefleckten Empfängnis" als Argument eingesetzt wurde; drittens, weil der Autor der Statue, die Gegenstand des Rechtsstreits war, später den Auftrag zu der Marienstatue bekam, die zu dem von der „Wundertätige Medaille" vorgegebenen Typus in Konkurrenz trat – und letztendlich die Konkurrenz gewann.

Am 8. Dezember 1852, dem Fest der „Unbefleckten Empfängnis", wurde in Lyon, auf der Turmkuppel der Marienwallfahrtskapelle von Fourvière, unter dem Gesang des Kirchenliedes „Ave maris stella" und unter Kanonendonner, eine monumentale Marienstatue enthüllt (Abb. 46).[115] 36 Künstler hatten sich 1851 am Wettbewerb für die Statue beteiligt.[116] Das Modell für die 5,60 m hohe vergoldete Bronzefigur war bei dem Sieger des Wettbewerbs, dem Lyoneser Bildhauer Joseph-Hugues Fabisch, in Auftrag gegeben worden. Die persönliche Religiosität des Künstlers dürfte bei der Auftragsvergabe nicht ganz gleichgültig gewesen sein. Fabisch habe sich für die Aufgabe als geeignet erwiesen, weil er, so die im Jahr der Einweihung von Abbé Bouillard herausgegebene Schrift, ein herausragender Künstler und ein Christ sei.[117]

Abb. 46 Fabisch, Joseph-Hugues, Unbefleckte Empfängnis, 1852, Lyon, Notre-Dame de Fourvière

Die auf dem Glockenturm weithin sichtbare, mit Tunika und Mantel bekleidete Marienfigur neigt den mit einer Krone aus 12 Sternen geschmückten Kopf, blickt von der Turmspitze herab auf die Stadt. Maria senkt die Arme und breitet sie aus. Die Handflächen sind einladend geöffnet. Die Geste der Arme und Hände entspricht dem Typus der „Wundertätigen Medaille". Die von den Handrücken ausgehenden Strahlen fehlen bzw. wurden in die Vergoldung aufgehoben: Bei der Ideenfindung imaginierte man eine „kolossale vergoldete Statue, deren Glanz in alle vier Himmelsrichtungen ausstrahlt"[118]. Der Darstellungstypus war von der dem Erzbischof von Lyon, Louis-Jacques-Maurice de Bonald, unterstellten Kommission vorgegeben worden: Explizit wurde formuliert, dass die Marienstatue dem Typus der „Unbefleckten Empfängnis" zu entsprechen habe. Eine Herzogskrone solle sie tragen und die Arme leicht geöffnet halten.[119]

Der Entstehungsprozess der Marienstatue von Fourvière verlief für Fabisch unglücklich. Von den Gießern Lanfrey und Constant Baude, denen man den Bronzeguss auftrug, wurde nicht das Gipsmodell von Fabisch umgesetzt. Die Gießer ließen ein neues Modell von einem im Wettbewerb unterlegenen Konkurrenten, von Pierre-Marie Guerpillon, fertigen. Änderungswünsche der Kommission führten den Bronzeguss noch weiter von Fabischs ursprünglichem Entwurf ab.[120] Der eigentliche Rechtsstreit entzündete sich an den Statuetten, die die Gießer herstellten und vermarkteten. Als Vorlage für die kleinformatigen Bronzen nahmen Lanfrey und Baude Modelle von Guerpillon und Jean-Louis-Michel Schmitt, auch letzterer ein Fabisch unterlegener Mitwettbewerber.[121] Fabisch klagte die Gießerwerkstatt daraufhin der Fälschung an. Seiner Klage wurde am 23. Dezember 1853 stattgegeben.[122]

Bemerkenswert sind die Argumente, mit denen die Beklagten sich verteidigten und aufgrund derer sie beschlossen, das Urteil anzufechten: Zwar gelte seit 1793 das künstlerische Urheberrrecht, doch dürfe ein Künstler nicht eine Sache für sich beanspruchen, die allen gehöre. Die Vorgaben der Kommission hätten den Künstler daran gehindert, innovativ zu sein.[123] Sie habe ihm einen wohlbekannten Marienbildtypus vorgeschrieben, wie ihn Werke der Bildhauerkunst, der Malerei, der Graphik sowie Medaillen verbreitet hätten.[124] Die Gießer beriefen sich dabei auf das Urteil von Bildhauern, dass die von Fabisch realisierte „Immaculata" in ihrer Haltung einem Typus entspreche, der ebenso wenig Variationen erlaube wie die Darstellung des Gekreuzigten.[125]

Exkurs:
Die Himmelfahrt der „Madonna della Misericordia"

Der von „Nostra Signora della Misericordia" von Savona und später von der „Wundertätigen Medaille" visualisierte Marienbildtypus (erster Ordnung) war bereits von dem Weilheimer Bildschnitzer Hans Degler 1608/9 in seiner „Immaculata" für den oberen Teil des Hochaltars der Klosterkirche Andechs aufgenommen worden. Nur an Marienfeiertagen – Norbert Lieb zufolge nur am Fest Mariä Himmelfahrt – wurde die Figur aufgestellt.[126] Der Altar des 17. Jahrhunderts ist zerstört; die „Immaculata" Deglers wurde von Johann Baptist Zimmermann im mittleren 18. Jahrhundert in den oberen Teil des – wie sein Vorgänger – als Doppelaltar gestalteten Hochaltars (den neuen „Gnadenaltar") integriert (Abb. 47). Zimmermanns Altar stellte mittels des sich von der linken Säule herunterneigenden Engels die „Immaculata" zusätzlich in den Kontext der Verkündigung und thematisierte mit der Maria im Altarauszug erwartenden Figur Gottvaters die Himmelfahrt Mariens.[127]

Die Allianz des zur Diskussion stehenden Marienbildtypus mit der Ikonographie der Himmelfahrt Mariens findet sich häufiger, und jeweils wird auch die Botschaft mittransportiert. Auch und gerade im Augenblick des triumphalen Aufstiegs gedenkt die „Mater Misericordiae" der ihr Anvertrauten.

So blickt zwar die auffahrende Maria in Piazzettas Altarbild im Louvre ergriffen nach oben, doch die Arme mit den offenen Hände sind gesenkt und breiten sich gleich einem verkörperten Schutzmantel aus (Abb. 48).

Abb. 47 Zimmermann, Johann Baptist, Andechs, Klosterkirche, Hochaltar, 1755 Weihe (im oberen Altar: Degler, Hans, Immaculata, 1608/09)

Abb. 48 Piazzetta, Giambattista, Himmelfahrt Mariens, 1735, Paris, Musée du Louvre

Zu den Gestalten der Trinität hochblickend, die Arme nach unten gesenkt, steht sie in Franz Maulbertschs Deckenfresko der Wiener Piaristenkirche auf der Wolke.

Die Handflächen der „Assunta" weisen entweder nach oben – Gnaden von oben empfangend (beispielsweise in Joachim Sandrarts Gemälde aus Kloster Lambach) – oder schirmend nach unten wie in Tintorettos Version des Themas in der Galleria dell'Accademia, Venedig (Abb. 49, 50). Peter Candids Himmelfahrende, die zugleich von ihrem Sohn gekrönt wird, tut beides: Die rechte Hand öffnet sich zum Himmel hin, die linke kehrt sich der Erde zu (Abb. 51).

VI. Das falsche Bild auf der „Wundertätigen Medaille" und die Jungfrau mit dem Globus in der Hand

Das Mutterhaus der Filles de la Charité in Paris ist von außen unscheinbar. Der Eingang in 140, Rue du Bac lässt die religiöse Intensität, die im Innenhof, in der Kapelle, in der fast ständig Gottesdienste gehalten werden, herrscht, die selbst im Shop zu verspüren ist, wo Informationsmaterial und sehr viele „Wundertätige Medaillen" in unterschiedlichen Größen, Materialien, Preisklassen verkauft werden, nicht ahnen. Wer nach dem Einkaufsbummel im nahen „Bon Marché" (mit der besten Lebesmittelabteilung eines Pariser Kaufhauses) oder nach dem Kauf von Büchern, CDs, DVDs im Stammhaus des FNAC absichtsvoll/ zufällig in den Bezirk der Filles de la Charité in der Rue du

Abb. 49 Sandrart, Joachim von, Himmelfahrt Mariens, 1654–56, Lambach, Benediktinerstiftskirche
Abb. 50 Tintoretto, Jacopo, Himmelfahrt Mariens, 1549–50, Venedig, Galleria dell'Accademia
Abb. 51 Candid, Peter, Himmelfahrt Mariens, 1620, München, Frauenkirche

Bac kommt, gerät in ein anderes Paris. Und er spürt atmosphärisch die spirituelle Macht dieses Ortes. Eine Macht, geborgt von einem Bild.

Das Marienbild der „Wundertätigen Medaille" – das möglicherweise weitestverbreitete Bild vor dem digitalen Zeitalter, das Bild, das bei der „wunderbarsten Bezeugung einer plötzlichen Bekehrung, die ich kenne", lebendig geworden war (William James über Alphonse Ratisbonne[128]) – ist ein falsches Bild. Catherine Labouré, die Seherin, war anonym geblieben. Aladels erster brieflicher Bericht spricht von ihr, wie zitiert, nur als „einer Person". Catherine Labouré vermied es auch in den folgenden Jahren, sich selbst als diejenige, der die Vision zuteil wurde, erkennen zu geben. Aladel wahrte deshalb schon gegenüber dem Pariser Erzbischof das Inkognito seines Beichtkindes, was heißt, dass die Angaben, die Aladel

Abb. 52 Letaille, Maria mit dem Globus, 1841, Zeichnung

de Quélen bezüglich der zu prägenden Medaille, und die ikonographischen Vorgaben, die er dem Goldschmied Adrien-Jean-Maximilien Vachette machte, von Cathérine Labouré nicht autorisiert und nicht korrigiert wurden.[129] Erst 1841 beschrieb Catherine Labouré selbst ihre inzwischen millionenmal im Bild verbreitete Vision. Und das Bild, das sie erinnerte, war nicht das Bild auf dem Avers der „Wundertätigen Medaille".

Sie wies darauf hin, dass sie bereits seit zwei Jahren (also seit 1839) darum gebetet habe, dass am Ort der Vision eine Marienstatue aufgestellt würde, so wie die Jungfrau ihr 1830 erschienen sei: Sie habe sie gesehen

„auf einer Kugel stehend, d. h., auf einer halben Kugel, zumindest schien es mir so. In den Händen hielt sie eine Kugel, die den Globus darstellte; die Hände waren bis zur Höhe des Bauches angehoben. (…) Mit einem Mal bemerkte ich an ihren Fingern Ringe mit Steinen, einer schöner als der andere."[130]

Genau schilderte Catherine Labouré, dass von den großen Steinen größere Strahlen, von den kleinen kleinere Strahlen ausgegangen seien, die sich jeweils nach unten zu verbreiterten. Maria richtete dann das Wort an sie, erklärte ihr, dass der Globus, den sie in Händen hielt, die Welt im Allgemeinen, Frankreich im Besonderen, ja jeden Einzelnen bedeute, und dass die Strahlen Symbol der von ihr vergebenen Gnaden seien. Um die hl. Jungfrau habe sich dann ein ovales Bild („tableaux") geformt mit der oben zitierten Anrufung der Unbefleckten Empfängnis in goldenen Lettern.[131] „Lasst Medaillen nach diesem Vorbild prägen; alle Menschen, die sie um den Hals tragen werden große Gnadengaben empfangen".[132] Dann wendete sich das Bild. Catherine Labouré sah den „Revers der Medaille" mit dem M, dem Kreuz und den beiden Herzen.[133] Was nun? Die Seherin selbst stellte die Authentizität des Marienbildes auf der „Wundertätigen Medaille" in Frage, postulierte ein konkurrierendes wahres Bild. Aladel wird nicht erst zu diesem Zeitpunkt mit diesem konkurrierenden Bild konfrontiert worden sein, hatte bisher aber eher unwirsch auf die entsprechenden Einwände seines Beichtkindes gegen die so erfolgreiche Darstellung auf der Medaille reagiert.[134]

Jetzt, nach der ersten schriftlichen Dokumentation der Vision durch die Seherin selbst, sah er sich gedrängt, von Letaille zumindest eine Zeichnung anfertigen zu lassen, die die von Catherine Labouré geschaute Jungfrau mit dem Globus in Händen wiedergibt (Abb. 52). Zu der von der Seherin dringend gewünschten Ausführung einer Statue über dem Altar am Ort der Erscheinung kam es zunächst nicht. Aladel wird seine Gründe gehabt haben, und diese Gründe werden wohl schon die Wahl des Motivs für die Prägung der Medaille mitbestimmt haben. René Laurentin wies auf die immanenten ikonographischen Probleme hin. Die Welt liegt Maria als für die Immaculata traditioneller Sockel zu Füßen. Ein zweiter Globus in den Händen Mariens hätte per se schon eine problematische Doppelung bedeutet.[135] Von den Ringen an den Fingern – und das heißt: vom Handrücken – gehen die Gnadenstrahlen aus. Wie lässt sich visualisieren, dass diese Strahlen den in Händen gehaltenen Globus treffen?[136] Catherine Labouré musste mit dem falschen Bild bis in ihr Todesjahr 1876 leben. Erst in diesem Jahr durfte Schwester Oberin Jeanne Dufès erfahren, wer unter

Abb. 53 Froc-Robert, Désiré, Maria mit dem Globus, 1876, Reuilly, Filles de la Charité (ehem. Reuilly, Arbeitszimmer von Oberin Jeanne Dufès)

Abb. 54 Froc-Robert, Désiré, Maria mit dem Globus, 1880, ehem. Paris, Chapelle Notre-Dame de la Médaille Miraculeuse
Abb. 55 Real del Sarte, Maxime, Maria mit dem Globus, 1930, Paris, Chapelle Notre-Dame de la Médaille Miraculeuse
Abb. 56 Maldiney, Jean-Louis, Strahlenmadonna, Gips, um 1850, ehem. Paris,
Chapelle Notre-Dame de la Médaille Miraculeuse, Hochaltar

ihren Schwestern die bislang unbekannte Seherin ist.[137] Catherine vertraute sich ihr an, beschwerte sich über das falsche Bild auf der Medaille, über Aladels Widerstand gegen das authentische Bild und nannte als Zeugin ihrer Vision der Jungfrau mit dem Globus die Oberin der „Filles de la Charité" in Riom. Schwester Grand erinnerte sich, dass Schwester Catherine tatsächlich auf die Erscheinung der Jungfrau mit einer Kugel in Händen insistiert habe, bemühte sich aber die Konkurrenz der Bilder mit dem Vorschlag zu entschärfen, es seien zwei Visionen, bzw. zwei Phasen der Vision gewesen.[138] Verwiesen wurde auch auf die Angabe Cathérine Labourés, die Gnadenstrahlen hätten den kleineren Globus in den Händen der Erscheinung überstrahlt,[139] eine Begründung für das Fehlen dieses Globus, die gleichwohl die Haltung der nach unten gestreckten Arme in keiner Weise erklärt.[140]

Jeanne Dufès erfüllte der Seherin den Wunsch nach einer ihrer Vision gemäßen Marienstatue. Doch auch das von Oberin Dufès gewährte wahre Bild erwies sich schlussendlich als falsches Bild. Der Auftrag erging an Désiré Froc-Robert, der mit seiner Pariser Manufaktur in den 1870er Jahren als Spezialist für katholische Kunst galt und später von Huysmans als Produzent kitschiger Devotionalien verachtet werden wird (Abb. 53).[141] Catherine Labouré schrieb für die Ausführung der Statue einmal mehr ihre Erinnerung an die Vision nieder.[142] Sie besuchte den Künstler-Unternehmer im Atelier;[143] zu einem längeren Austausch wird es vermutlich nicht gekommen sein, da Froc-Robert mit seiner indiskreten Frage, ob sie denn die Nonne sei, die die Jungfrau gesehen habe, Cathérine in Verlegenheit brachte.[144] In der Hoffnung, den richtigen Gesichtstyp finden zu helfen, begleitete Oberin Dufès Catherine in die Devotionalienläden um Saint-Sulpice. Catherine fand nichts, was ihrer Vision nahe gekommen wäre.[145]

Als die kleine Statue Froc-Roberts geliefert wurde, verbarg Catherine Labouré, wie sich Schwester Olalde und Schwester Tanguy erinnerten, ihre Enttäuschung nicht. Diesmal war es nicht der Bildtypus, der ihrer Erinnerung widersprach: Auf die Frage, was sie von der Statue hielte, antwortete die Seherin: „Ach, die heilige Jungfrau war viel schöner!"[146] Die Unfähigkeit der Künstlers, der Schönheit der Erscheinung gerecht zu werden, rechtfertigte Schwester Dufès anlässlich der frustrierenden Besuche in den Läden für religiöse Kunst um Saint-Sulpice mit dem Verweis auf die Inkompatibiltät irdischer und himmlischer Schönheit: „Ach, meine gute Schwester Cathérine (…) die Bewohner der Erde sind nicht in der Lage das wiederzugeben, was sie nicht gesehen haben."[147]

Abb. 57 Maldiney, Jean-Louis, Strahlenmadonna, Marmor, 1856, Paris, Chapelle Notre-Dame-de-la-Médaille-miraculeuse, Hochaltar

Abb. 58 Carta, Natale, Madonna del Miracolo, 1842, Rom, S. Andrea delle Fratte

Schöner hatte sie die Erscheinung in Erinnerung, aber auch älter, und auch diese Erinnerung war problematisch sowohl für die Akzeptanz von Seiten der Ordensleitung als auch hinsichtlich der künstlerischen Umsetzung. Sie habe, so notierte Oberin Dufès nach den Angaben der Seherin, das Gesicht einer ungefähr 40 Jahre alten Frau gehabt.[148] Für ein Marienbild, insbesondere aber für ein Bild der „Immaculata", ist das ein völlig unübliches Alter.

Zu der von Catherine Labouré gewünschten Aufstellung einer Statue mit ‚ihrer' Vision kam es vorerst jedenfalls nicht. Die Ritenkongregation verbot die Aufstellung auf einem Altar in der Chapelle Notre-Dame de la Médaille Miraculeuse; deshalb ließ Jeanne Dufès Froc-Roberts Figur in ihr Arbeitszimmer im Kloster von Reuilly bringen.[149] Erst 1880 stellte man eine zweite Statue der Erscheinung, jetzt die Variante mit dem Globus, über den Altar des hl. Joseph in der Rue du Bac (Abb. 54).[150] Und erst 1884 wurde dies von Papst Leo XIII. autorisiert.[151] Die Firma Froc-Robert hatte zu diesem Zweck eine Variante der Statue in Reuilly angefertigt.[152] Sie ist größer, der Kopf ist leicht angehoben, die Haltung der Hände unter dem Globus ist verändert, ebenso der Faltenwurf. Maxime Real del Sarte ersetzte Froc-Roberts „Jungfrau mit dem Globus" 1930 durch eine neue aus Carrara-Marmor (Abb. 55). Die Schwestern hielten die fünfzig Jahre alte Gipsfigur für unwürdig.[153]

Den Hochaltar beanspruchte allerdings der die Ikonographie der „Wundertätigen Medaille" bestimmende Marientypus. 1849 begannen die Arbeiten an der Vergrößerung der Chapelle Notre-Dame de la Médaille Miraculeuse. Im Zuge dieses Umbaus sollte ein neuer, prächtiger Hochaltar entstehen. Die Regierung stellte zwei Marmorblöcke zur Verfügung, einen für den Altar, den zweiten für eine hinter dem Altar aufragende Marienstatue. Der Auftrag ging an Jean-Louis Maldiney. Streitigkeiten mit dem Bildhauer wegen der Entlohnung verzögerten die Aufstellung der Marmorstatue. Erst 1856 konnte die seit um 1850 provisorisch das Hochaltarbild vertretende Gipsfigur durch die Marmorausführung ersetzt werden (Abb. 56, 57). Cathérine Labouré war mit der Lösung unzufrieden. Maldineys Skulptur entsprach nicht dem Bild ihrer Vision.[154] 1897 gab Papst Leo XIII. dem Antrag der „Congrégation de la Mission et des Filles de la Charité" statt, deren Ordensoberer um die päpstliche Krönung der Statue am Hochaltar der Chapelle Notre-Dame de la Médaille Miraculeuse ersucht hatte.[155] Es war nicht das einzige Mal, dass ein (in den Augen der Augenzeugin) ‚falsches' Bild die Ehrung der Krönung – am 26. Juli 1897 – zuteil wurde.

Das falsche Bild der „Wundertätigen Medaille" setzte sich durch. So mächtig war das falsche Bild geworden, dass selbst der Himmel sich danach richtete. Die „Wundertätige Medaille" hatte Alphonse Ratisbonne am 20. Januar 1842 die Vision Mariens in Sant'Andrea delle Fratte beschert, und geschaut hatte Ratisbonne nicht die Madonna mit dem Globus, sondern das lebendig gewordene Bild auf der Vorderseite der Medaille. Gestützt auf den Bericht des Konvertiten malte der aus Sizilien stammende Maler Natale Carta Maria, so wie sie in der römischen Kirche erschienen war (Abb. 58). Nur wenige Monate nach der Bekehrung Ratisbonnes – bereits im Mai des gleichen Jahres – wurde Cartas Gemälde auf den Kapellenaltar der dem Wunder geweihten Kapelle gestellt.[156] Cartas Altargemälde der „Madonna del Miracolo" stieg zu einem der verehrten

Abb. 59 Skapulier (Rückseite) Jungfrau von Pellevoisin

Abb. 60 Augustin, M. / Fourquemin, La Maçonnerie secourant l'humanité, um 1850, Lithographie

Gnadenbilder Roms auf und Sant'Andrea delle Fratte wurde zum „römischen Lourdes" (Papst Benedikt XV.).[157] Das mächtige Bild hatte die Vision formatiert/erzeugt, die zur plötzlichen und nachhaltigen Bekehrung führte. Doch die Reduktion der visionären Erfahrung auf die Ein-Bildung bekannter Bilder verkürzt vielleicht unzulässig. Wenn man konzediert, dass Bilder Heiliges stiften können, dann darf man nicht ausschließen, dass vice versa das Heilige sich der Bilder bedient.

1876 imitierte die Jungfrau der „Wundertätigen Medaille" erneut ihr falsches Bild. Am 14. Februar und im Verlauf des Jahres weitere vierzehnmal erschien sie in Pellevoisin der unheilbar an Tuberkulose erkrankten Dienerin Estelle Faguette. Während der fünfzehnten und letzten Erscheinung am 8. Dezember trug Maria ein Skapulier mit dem Herz Jesu. Gleich dem Bild auf der „Wundertätigen Medaille" breitete die Erscheinung die Arme aus, nur ersetzten Regentropfen als Sinnbild der Gnadenfülle die Strahlen.[158] So ist sie in der Statue präsent, die im Krankenzimmer Faguettes aufgestellt ist und so ist sie auf der Rückseite des Skapuliers, dessen Vorderseite das Herz Jesu trägt, abgebildet (Abb. 59). Beschriftet ist das kleine Bild auf dem Skapulier mit: „Mater Misericordiae".

Selbst in die Ikonographie der Freimaurer nistete sich die über die „Wundertätige Medaille" verbreitete Bildformel ein: In einer um 1850 entstandenen Lithographie steht eine Frauenfigur in der Haltung der Jungfau der Medaille auf einem Sockel und senkt ihre Arme hin zu den Hilfsbedürftigen, die sie umstehen oder vor ihrem Sockel kauern – hilflose Kinder, Alte und Gebrechliche. Augustins und Fourquemins Frauenfigur verkörpert die Allegorie der Freimaurerei, die „der Menschheit zu Hilfe kommt" (Abb. 60).¹⁵⁹ Die Bildlegende rühmt sie als die Helferin der Unglücklichen und Weinenden. Und wenn es heißt, „von ihr kommt das Licht", ¹⁶⁰ dann entspricht das auch dem Selbstverständnis der Freimaurerei.

Die katholische Kirche im Frankreich des 19. Jahrhunderts sah sich in einer ähnlichen Situation wie die katholische Kirche der Gegenreformation. Wie die Gegenreformation des 16. Jahrhunderts auf die Reformation reagierte, so der „Renouveau catholique" des 19. und frühen 20. Jahrhunderts auf Aufklärung, Revolution und Laizismus. Robespierre hatte den christlichen Gott durch die deistische Konstruktion des Höchsten Wesens ersetzt. Allein aus machtpolitischen Erwägungen heraus hatte Napoleon wieder den Anschluss an Rom gesucht. Nach dem Sieg der alliierten Mächte über die Große Armee wurde Napoleon nach Elba, später nach St. Helena verbannt. Unterbrochen von den 100 Tagen der Rückkehr Napoleons waren die Bourbonen ab 1814 wieder an der Macht. Der französische Königsthron der, seitdem man Ludwig XVI. auf der Place de la Concorde geköpft hatte, leer stand, war wieder besetzt. Die Hauptlinie der Bourbonen bürgte für die Einheit von Staat und katholischer Kirche, von Thron und Altar. Das historische Versprechen wurde nicht eingelöst. In den Julitagen des Jahres 1830 vertrieben Aufständische Karl X. und brachten Louis-Philippe auf den Thron, den Sohn von Louis-Philippe Joseph de Bourbon, duc d'Orléans, der 1792 im Konvent für den Tod seines Cousins Ludwigs XVI. gestimmt hatte. Der neue König, Louis-Philippe, der Sohn eines Königsmörders, arrangierte sich später mit der Kirche; kurz nach der Machtübernahme stand allerdings das zu befürchten, was mit der Dritten Republik definitiv werden sollte: die Aufkündigung der Allianz von Staat und Kirche.

Es ist vielleicht nicht zufällig, dass sich in diesem Jahr 1830 mit der Erscheinung Mariens vor der jungen Nonne in der Rue du Bac die erste kirchlich anerkannte Marienerscheinung des 19. Jahrhunderts ereignete. 1846 dann die zweite in La Salette, ebenfalls mit deutlicher Stoßrichtung gegen das verweltlichte Frankreich.

La Salette
I. Die Augenzeugen und die frühen Darstellungen der Marienerscheinung von La Salette

Die Bedeutung der Marienerscheinung am Samstag, den 19. September 1846 in La Salette (Département Isère) ist kaum zu überschätzen. Léon Bloy gelang es. Er nannte die Erscheinung „das größte Ereignis seit dem Pfingstmorgen".¹⁶¹ Zwei Kinder aus La Salette-Fallavaux und Corps, Maximin Giraud (11 Jahre) und Mélanie Calvat-Mathieu (14 Jahre), trieben die Kühe ihrer Dienstherren zur Weide auf das Plateau des dem kleinen Dorf La Salette-Fallavaux nahen Berges. Nachdem sie um die Mittagszeit die Tiere zur Tränke geführt und anschließend gemeinsam Brot und Käse zu sich genommen hatten, stiegen sie zu einer etwas tiefer gelegenen Wiese ab und schliefen ein oder zwei Stunden. Aufgewacht sorgte sich Mélanie um die Tiere, die sie aber an der Stelle wiederfand, wo die Kinder sie gelassen hatten. Beim Wiederabstieg erfuhr sie eine Lichterscheinung. Der herbeigerufene Maximin sah das Licht ebenfalls. Allmählich nahm das Licht die Gestalt einer sitzenden, weinenden Frau an, die sich mit den Ellbogen auf die Knie stützte und das Gesicht in den Händen barg.[162] Sie erhob sich und erklärte den Kindern, dass sie sich kaum mehr in der Lage sehe, die drohende Hand ihres Sohnes zurückzuhalten.

"Falls mein Volk sich nicht unterwirft, bin ich gezwungen, die Hand meines Sohnes loszulassen. Sie ist so stark und so schwer, dass ich sie nicht mehr halten kann. Seit langem leide ich für Euch."[163]

Es seien insbesondere die nicht eingehaltene Sonntagsruhe, die mangelnde Ehrerbietung beim Gottesdienst, der Fleischkonsum in der Fastenzeit und die den Namen ihres Sohnes missbrauchenden Flüche, die die Hand Jesu so schwer haben werden lassen. Verfaulen werden die Kartoffeln; Getreide, Trauben und Nüsse werden verderben.

Nachdem die Dame zu den Kindern auf Französisch, und, um besser verstanden zu werden, im einheimischen Dialekt die Drohungen mitgeteilt, zur Umkehr aufgerufen und den Kindern jeweils gesondert geheime Botschaften mitgegeben hat, stieg sie – ohne mit den Füßen das Gras zu knicken – auf den Hügel, erhob sich vor den nachgeeilten Kindern bis zu einer Höhe von ca. 1 bis 1,5 m und verschwand nach einer Weile, indem sie sich in Licht aufzulöste.[164]

So wie zu Beginn der Erscheinung ein Licht ohne Figur zu sehen gewesen sei, so blieb das Licht noch eine Weile, als die Erscheinung bereits verschwunden war.[165] Wie später Bernadette in Lourdes betonte Mélanie während der kritischen Befragung durch Abbé Arbaud am ersten Jahrestag der Erscheinung, dass Maximin und sie zunächst nicht wussten, dass ihnen die Jungfrau Maria erschienen sei. Sie hätten „eine schöne Dame" gesehen,[166] die aber anders als die anderen Frauen gewesen sei. Der Unterschied: „(S)ie hatte etwas an sich, was viel schöner war."[167]

Körper und Körperhaltung der Dame während der Unterredung wurden folgendermaßen beschrieben: Die Hautfarbe sei sehr hell gewesen. Insbesondere das Gesicht nahmen beide Kinder allerdings wegen der Lichtfülle nur schemenhaft wahr.[168] Schlank und groß war die Dame; befragt von Abbé Lagier, vermerkte Mélanie, sie habe nie eine größere Person gesehen.[169] Die Arme hielt sie über der Brust oder in Gürtelhöhe gekreuzt.[170] Schwerelos sei sie gewesen,[171] und sie habe keinen Schatten geworfen.[172]

Typologisch variiert die Jungfrau von La Salette, die während der Konversation mit Mélanie und Maxmin die Hände übereinander vor die Brust schlug, einen Zweig der Bildtradition der ohne Kind dargestellten „Immaculata".[173]

Bei Francesco Vanni und Pietro Locatelli in ihren Gemälden der Kirchen in Santa Margherita in Cortona und in Santi Apostoli, Rom lagert Maria mit über der Brust gekreuzten Armen auf einer Wolkenband oberhalb von Heiligen, die über das Glaubensgeheimnis disputieren (Abb. 61, 62). Vergleichbar, was den Gestus der Arme anbelangt, sind die Verbildlichungen des Themas in Murillos „Immaculata von Los Venerables", in seiner „Immaculata", die er für den Palast des Erzbischofs von Sevilla malte usw. (Abb. 63, 64). Die von Mélanie und Maximin

Abb. 61 Vanni, Francesco, Die „Unbefleckte Empfängnis" mit den Heiligen Franziskus, Domenikus, Ludwig von Toulouse und Margarethe von Cortona, um 1601/2, Cortona, Santa Margherita

Abb. 62 Locatelli, Pietro, Die „Unbefleckte Empfängnis" mit den Heiligen, Jakobus, Petrus, Benedikt und Salomea, um 1689, Rom, Santi Apostoli

Abb. 63 Murillo, Bartolomé Esteban, Die Unbefleckte Empfängnis von Los Venerables, um 1678, Madrid, Museo del Prado

beschriebene Haltung der „Dame" ähnelt insofern einem bekannten ikonographischen Typus. Doch sonst war die Erscheinung, so wie sie die beiden Kinder Mélanie und Maximin schilderten, nicht in die traditionelle christliche Ikonographie integrierbar.

Nicht ganz überraschend sind das als altmodisch empfundene weiße Kleid und das weiße Kopftuch. Bemerkenswert immerhin die Dominanz der Farbe Weiß. Das führt zurück zu dem zunächst bildlich nicht ernst genommenen Zeugnis der Catherine Labouré und weist voraus auf die Kleidung der „Schönen Dame" von Lourdes.[174] Nicht selbstverständlich sind die weiten Ärmel, in die die Jungfrau während der „Unterhaltung" und bei der „Auffahrt" ihre Hände wie in einen Muff gesteckt hatte; ebensowenig selbstverständlich sind die auf Kleid und Kopftuch genähten glänzenden Edelsteine.[175] Sehr ungewöhnlich ist, dass Maria eine gelbe Schürze und Strümpfe von der gleichen Farbe trug. Die Schuhe wa-

Abb. 64 Murillo, Bartolomé Esteban, Die Unbefleckte Empfängnis mit dem Mönch Juan de Quirós, um 1652, Sevilla, Erzbischöfliches Palais

ren weiß; auch sie waren mit glänzenden Schmuckstücken belegt und umwunden von einer Rosengirlande, die selbst beim Gehen nicht niedergetreten worden sei. Für das Beiwerk der Passionszeichen gibt es ebenfalls keine Referenzen in der Bildtradition: Eine große Kette reichte der Dame bis zum Gürtel; an einer kleineren Kette über der Brust war ein kleines Kreuz befestigt und an den Kreuzarmen eine Zange und ein Hammer.[176] Hinsichtlich der Kopfbedeckung machten Mélanie und Maximin die folgenden Angaben: Eine einfach geformte, der Frauentracht im Kanton Oisans ähnliche Haube, die tief – fast über die Augen – gezogen war; darüber eine glänzende Krone oder ein Federbusch. So beschrieben die Kinder die Kopfbedeckung gemäß einem Bericht Pfarrer Perrins.[177] Von einer Krone oder einem Federbusch ist auch im Brief von Abbé Day an Abbé Pichon (25. Oktober 1846) die Rede.[178] Eine glänzende rote Krone sahen Mélanie und Maximin demgegenüber einem Brief Abbé Cats vom 23. Oktober 1846 zufolge.[179] Im annähernd gleichzeitig geschriebenen Bericht der Marquise de Monteynard erinnerte Maximin eine Rosenkrone;[180] im Gespräch mit Abbé Eymery dagegen wieder Krone oder Federbusch.[181] Als Mélanie Februar 1847 erstmals von Abbé Lagier befragt wurde, beschrieb sie ebenfalls eine (vielfarbige) Rosenkrone.[182] Der Anfang 1848 durchgeführten Befragung zufolge war es dann eine ziemlich hohe Haube, umgeben von einer Krone mit Rosen.[183] Ermüdend und fast gleichförmig sind die Beschreibungen, die die Kinder bei den zahlreichen Gelegenheiten, bei denen man sie befragte, von der Bekleidung der Dame und den Leidenswerkzeugen geben. Die Beschreibungen der Kopfbekrönung weichen stärker voneinander ab. Eine weitere Variante neben den bereits zitierten bietet ein Brief des Sekretärs des Bischofs von Grenoble an: Dem zufolge trug die Dame „eine Art von hoher Haube, die ein Diadem zu sein schien und etwas nach vorne trat".[184]

Entsprechend variieren in den frühen Illustrationen der Erscheinung die Kopfbedeckungen der „Dame". Benjamin Dausse trug in seine Zeichnung eine gezackte Krone ein, die eine hochsteigende kugelförmige Haube umschließt (Abb. 65). Vage ist eine breite blumenförmige Krempe angedeutet. Ohne die eigentümliche Krempe, sonst aber ähnlich ist die Krone, die die Erscheinung auf der frühesten, bereits am 12. November 1846 gedruckten Lithographie nach einer Zeichnung Ferdinand Rostaings trägt (Abb. 66).[185] Nur einen flachen und ausladenden Blatt- oder Blütenkranz trägt Maria in einer 1846 oder 1847 die Szene der Unterhaltung abbildenden, in Grenoble verlegten Lithographie[186] und einem wohl im Mai 1847 publizierten Holzstich (Abb. 67, 68). Eine zackenförmige Krone setzten die Pariser Drucker Félix Alcan und Gosselin sowie die Metzer Druckerei Dembourg und Gangel 1847 der „Dame" auf den Kopf (Abb. 69, 70, 71).[187] Auf dem Frontispiz des von Clément Villecourt verfassten Berichts über die Erscheinung in La Salette sind die Zacken der Krone blütenförmig (Abb. 72). Aufmerksamkeit verdient das von dem an paranormalen Phänomenen interessierten Pariser Goldschmied Houzelot edierte Bildchen (Abb. 73).[188] Wohl mit Bezug auf den Brief der Schwester Oberin der Soeurs de la Providence von Corps trägt die Erscheinung auf dieser Graphik die hohe haubenförmige Krone des Dijoner Gnadenbildes der „Notre-Dame de Bon Espoir". Mère Sainte-Thècle hatte Mélanie fromme Bildchen vorgelegt; bei einer Abbildung der „Notre-Dame de Bon Espoir" hielt Mélanie inne – die Kopfbedeckung entspreche genau derjenigen der Dame, die ihr erschienen sei.[189] Houzelot hatte zur Vorbereitung der Graphik die beiden Seher am 14. April 1847 nach der Bekleidung der „Dame" gefragt und während des Gesprächs eine rohe Zeichnung nach den Angaben angefertigt. Mélanie und Maximin konzedierten dem Zeichner, dass das die ähnlichste Darstellung sei, die sie bislang gesehen hätten. Die Graphik Félix Alcans hatten sie zuvor als nicht ähnlich befunden. Um in diesem heiklen Punkt auf sicheren Grund zu kommen, ließ der Abbé Mélin schließlich im Juni 1850 in Corps unter den Augen der Kinder eine der Erscheinung möglichst ähnliche Kopfbedeckung nähen.[190]

Der Authentizitätsanspruch war enorm. Anders als im Falle der Catherine Labouré, die ihr Zeugnis lange ganz in die Verfügungsgewalt ihres Beichtvaters gegeben hatte, standen die Augenzeugen Maximin und Mélanie von Beginn an im Mittelpunkt von Befragungen. Der Augenzeuge bezeugt ein Ereignis, hier eine Erscheinung und das Aussehen der Erscheinenden, aber er stellt von sich her noch keinen ikonischen Bezug dazu her. Er steht für eine prekäre Bekundung von Wahrheit, denn der Augenzeuge steht selbst unter Beobachtung, weil der Verdacht der Täuschung, zumindest aber der Verdacht der Selbsttäuschung nie ganz auszuschließen ist. Die Befragung der Seher nähert sich dem Vorbild der juristischen Zeugenbefragung; die Glaubwürdigkeitskriterien borgt die Frömmigkeit von daher. Der Augenzeugenbericht ist wie gesagt nicht ikonisch, doch ein Ziel der Zeugenbefragung ist häufig die Ikonisierung der Personenbeschreibung mittels eines Phantombildes, das heute am Computer erstellt wird, vordem auf der Basis einer „Personen-Identifizierungs-Kartei" kombiniert wurde und noch früher in der Interaktion des Augenzeugen mit einem professionellen Zeichner sich ergab.[191]

Am Rande spielte in La Salette auch ein Acheiropoieton noch eine Rolle. Die Steine, über die die „Schöne Dame" gegangen war/geschwebt ist, wurden als Reliquien gesammelt. Zwei Leutnants aus der Garnison in Grenoble ließen sich einen Kalkstein bringen. Als einer der beiden den Stein in zwei Teile spaltete, soll sich im Stein ein Gesicht gezeigt haben – das Antlitz Christi als Ecce homo.[192] Bekannt wurde eine Pause des Gesichts; da aber der Besitzer des Steins, ein Leutnant Angelini, sich weigerte, den Gegenstand zu zeigen, tat der Bischof von Grenoble gut daran, über die Geschichte Schweigen zu breiten (Abb. 74).[193] Die Zeit der authentischen, weil nicht von Menschenhand geschaffenen Bilder war zu Ende. Die heiligen Bilder borgten ihre Authentizität jetzt von der Glaubwürdigkeit der Augenzeugen und von der Weise der künstlerischen Umsetzung der Augenzeugenberichte. Mit den Ereignissen auf dem Berg von La Salette stieg Augenzeugenschaft, das Verhör des/der Augenzeugen, schließlich die dem Modell der Zusammenarbeit des Polizeizeichners mit dem/der Augenzeugen nachgebildeten Methode der Befragung zum religiösen Wahrheitskriterium auf.

Eine druckgraphische Darstellung der „Unterhaltung" verdient in diesem Zusammenhang gesondert und ausführlich thematisiert zu werden, weil der Augenzeugenschaft verpflichtete Authentizitätsanspruch in diesem Fall geradezu exzessive Recherchen in Gang setzte (Abb. 75): Marie Des Brûlais, die gemeinsam mit einer zum Katholizismus konvertierten Irin um 1830 in Nantes ein Mädchenexternat gegründet hatte,[194] war im September 1847 erstmals nach La Salette gereist. Die Informationen, die sie von da nach Nantes zurückbrachte, ließ sie noch im selben Monat in eine Graphik umsetzen. Dieses Bildchen brachte sie bei dem erneuten Besuch des „Heiligen Berges" im September 1849 mit, um es den Augenzeugen zur Prüfung vorzulegen.

Am 8. September 1849 ließ sie sich genauere Hinweise zur Kopfbedeckung der Erscheinung geben. Nach dem Gottesdienst wies Mélanie auf eine Frau in einheimischer Tracht mit einer Kopfbedeckung, die der der Heiligen Jungfrau ähnlich sei, wenn auch nicht gleich – die Kopfbedeckung Mariens sei höher gewesen. Über die Stoffart des Hutes wusste sie nur zu sagen, dass er weiß und stark glänzend gewesen sei. Auf der Krempe des Hutes habe

Abb. 65 Dausse, Benjamin, Maria während der Unterhaltung, 1847, Zeichnung
Abb. 66 Rostaing, Ferdinand, Unterhaltung, 1846, Lithographie
Abb. 67 Druckerei in Grenoble, Die Unterhaltung, 1846/47, Lithographie

sich die Rosenkrone befunden. Über der Krone aus Rosen sei etwas Glänzendes gewesen. Blumen seien es nicht gewesen, keine Blätter, auch keine Kornähren oder ein goldener Zweig. Auf die Frage, ob es sich bei dem glänzenden Kopfschmuck um ein Diadem gehandelt habe, so wie es auf der mitgebrachten Graphik zu sehen sei, antwortete Mélanie, dass sie nicht wisse, was ein Diadem sei; so wie auf dem von Mme Des Brûlais vorgelegten Blatt zu sehen, sei es nicht gewesen. Mélanie erinnerte einen Zweig mit kleineren Zweigen, geformt aus glänzenden Perlen.[195]

Eine Stunde lang befragte sie Mélanie am 20. dieses Monats, um Korrekturvorschläge bezüglich der aus Nantes mitgebrachten Graphik einzuholen. Die Weise, wie die Jungfrau während der „Unterhaltung" auf dem Bild ihre Hände hielt, wurde nicht bestätigt. Um die Handhaltung richtigzustellen, bedurfte es einer herbeigerufenen Nonne, deren Hände Mélanie entsprechend ihrer Erinnerung übereinanderlegte, allerdings monierte, die Ärmel der Nonnenkleidung seien nicht weit genug.[196] Minutiös beschrieb Mélanie dann das Kreuz auf der Brust Mariens und die Anbringung von Zange und Hammer am Querbalken des Kreuzes, und sie vergaß nicht zu erwähnen, dass der untere Teil des Kreuzes leicht von den Armen der Jungfrau verdeckt gewesen sei.[197] Kopftuch und

Abb. 68 Prudhomme (Druckerei), Die Unterhaltung, 1847, Holzstich
Abb. 69 Alcan, Félix (Druckerei), Unterhaltung, wohl April 1847

Schürze seien auf der von Mme Des Brûlais mitgebrachten Graphik nicht schlecht ausgefallen; etwas länger sei die Schürze aber doch gewesen. Enttäuschend empfand Mélanie die Wiedergabe der aufgenähten Pailletten. „Ihre Pailletten glänzen nicht."[198] Am selben Tag ließ Marie Des Brûlais im Beisein und unter Anleitung der Seherin eine Puppe bekleiden.[199] Die am Kreuz zu befestigenden Hammer und Zange wurden aus Goldpapier ausgeschnitten. Unzufrieden blieb Mélanie, weil auch die Pailletten der Puppenkleidung zu glanzlos waren.[200]

Am folgenden Tag (21. September 1849) gab Marie Des Brûlais Mélanie und Maximin mit der Marienpuppe zwei weitere Puppen in die Hände, die jetzt die beiden Kinder bei der Erscheinung vorstellen sollten. Die Sicherheit, mit der Mélanie und Maximin mit den Puppen agierten und ohne Absprache die Szene der Erscheinung nachspielten, erschien Marie Des Brûlais für sich schon Beweis der Wahrheit dieser Marienerscheinung zu sein.[201]

Die forcierten Recherchen von Marie Des Brûlais zum Zweck eines ‚authentischen' Bildes der „Unterhaltung" waren existenziell nicht unbegründet, und sie hatten ein höher gestecktes Ziel als nur die Produktion ‚authentischer' graphischer Nachbildungen. Nach ihrem ersten Besuch am Ort der Erscheinung in La Salette im September 1847 hatte sie sich von einem lange währenden Leberleiden geheilt gefühlt. Als Dank stiftete sie Gelder und warb Gelder ein, um in Nantes der Erscheinung von La Salette einen Kultort zu errichten. Ein solcher wurde im

Abb. 70 Gosselin, Unterhaltung, wohl 1847
Abb. 71 Dembourg / Gangel (Druckerei) Unterhaltung, 1847

Petit-Séminaire in Nantes eingerichtet. An den Bildhauer Henri-Hamilton Barrême ging der Auftrag, eine plastische Darstellung der Szene der Unterredung Mariens mit Maximin und Mélanie zu schaffen. Fertig war die Plastik 1851. Barrême hatte zu diesem Zweck die Seher befragt.[202] Im Oktober 1852 jedenfalls erwirkten die 9-tägigen Gebete (Novene) des jüngsten Bruders und zweier seiner Mitschüler aus dem Petit-Séminaire vor der Plastik Barrêmes die Heilung der tuberkulosekranken Marie Bodet.[203] Die Anziehungskraft der Plastik war beträchtlich. Trotzdem sie im privaten Oratorium der Kongregation aufgestellt war, wuchs die Zahl der Verehrer des Bildes.[204] Als dann

Abb. 72 Villecourt, Clément, Nouveau récit de l'apparition de la sainte Vierge sur les montagnes des Alpes, 1847, Frontispiz
Abb. 73 Houzelot (Druckerei), Unterhaltung, 1847

noch Anfang 1853 einige Schüler des Petit-Séminaire einer Typhus-Epidemie zum Opfer fielen, eine Prüfung, von der man glaubte, sie sei das Resultat der in La Salette ausgesprochenen Drohungen, bot man Notre-Dame de La Salette den Bau eines eigenen, nur ihrem Kult vorbehaltenen Kirchenbaus in Nantes an. Die Epidemie nahm ein Ende, die neogotische „Chapelle Notre-Dame de La Salette" wurde von dem Kleriker und Architekten Henri Rousteau ab 1854 gebaut und konnte ab 1860 benutzt und 1866 geweiht werden. (1949 brach man die Kapelle ab.)[205] In seinem auch zum Zweck der Einwerbung von Mitteln für den neuen Kirchenbau publizierten Buch über die vorgesehene neue „Chapelle Notre-Dame de La Salette" empfahl der Autor den zukünftigen Besuchern des Heiligtums, die Figurengruppe nicht nur von weitem – als flächiges Bild – anzusehen, sondern nahe heranzugehen, um in der Erfahrung der Dreidimensionalität sich der spirituellen Wirklichkeit näher zu fühlen.[206] Das gibt einen Hinweis darauf, dass das Derivat der Erscheinung in Nantes sich dem Gnadenbildstatus näherte, auf dem Karriereweg zur „objet-personne" war. Dementsprechend fließt in Rousteaus Beschreibung der Marienfigur die von den Schäferkindern beschriebene Erscheinung mit der Würdigung der Kunst Barrêmes zusammen. Das muss so sein, wenn Kunst kein Hindernis für das Heilige sein soll: Rosteau beschrieb die „ernste und süße Majestät Mariens; die überaus reinen Linienzüge ihres Gesichts, die Tränen, von denen sie überfließt; alles das ist Ausdruck der Trauer, die alle ihre Züge prägt."[207]

Die erste auf Augenzeugen gestützte Statue der Erscheinung in La Salette stand also in Nantes, nicht in La Salette. Als in Verbindung mit der entsprechenden Stiftung die Idee aufkam, die Erscheinung in La Salette durch Figurengruppen an den jeweiligen Orten der Erscheinung zu memorieren, wird der Schöpfer des ersten ‚authentischen' plastischen Bildes der erscheinenden Jungfrau von La Salette erneut ins Spiel kommen.

Mit Barrêmes Figurengruppe im Petit-Séminaire war Marie Des Brûlais' Ehrgeiz, das wahre Bild der Erscheinung durch ausgiebige Zeugenbefragung zu ermitteln, immer noch nicht befriedigt. Die Lithographie der „Unterhaltung", die sie in Nantes von dem Verleger Charpentier (nach einer Zeichnung von Félix Benoist) publizieren ließ, brachte sie bei einem späteren Besuch

Abb. 74 Stein mit dem Bild des „Ecce Homo" im Besitz Leutnant Angelinis, Pause

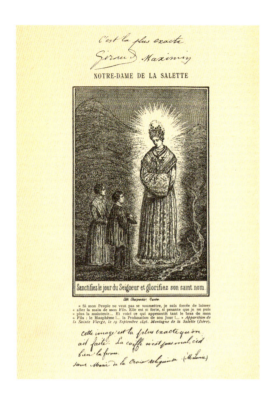

Abb. 75 Benoist, Félix (Verlag Charpentier, Nantes), Die Erscheinung in La Salette (Die Unterhaltung) Marie Des Brûlais, L'Écho de la Sainte Montagne (1852/1854), Méricourt 1904, Frontispiz)

in Kloster Cornec mit und legte sie Mélanie, seit Oktober 1851 Schwester Marie de la Croix,[208] zur Prüfung vor. Jetzt ging es nur mehr um Details. Mélanie (Marie de la Croix) verbesserte selbst mit einem Stift die ihrer Ansicht nach zu spitz und zu schmal ausgefallene Kopfbedeckung. Anschließend ließ die Schwester Oberin die Zeichenlehrerin des Konvents rufen, die unter Anleitung Mélanies weitere Retouchen vornahm.

„Schwester Marie de la Croix schien zufrieden mit der Arbeit ihrer Lehrerin, und ich bin sehr glücklich, endlich die (der Aussage Mélanies zufolge) unter allen möglichen exakteste Darstellung der wunderbaren Erscheinung Unserer Lieben Frau von La Salette bekommen zu haben."[209]

Mai 1854 trafen in La Salette die drei ersten Lithographien für das von Mme Des Brûlais herausgegebene „Album du pèlerin à Notre-Dame de La Salette" ein,[210] das in 10 Lithographien die Schauplätze und die Szenen der Erscheinung dokumentieren sollte. Wieder holte Marie Des Brûlais die Meinung der Seher ein: Insbesondere die Szene der „Unterhaltung", auf deren Rekonstruktion sie so viel Mühe verwendet hatte, begeisterte Maximin:

„Ach, wie schön das ist! Das ist es! Das ist es! Könnte ich zeichnen, würde ich gerne eine Darstellung der Erscheinung machen; aber ich verzichte darauf: diese hier ist gut und sie ist ausreichend."[211]

Im Oktober 1854 reiste Charpentiers erster Zeichner Félix Benoist zum zweiten Mal nach La Salette, um Informationen für weitere vier Lithographien des Albums einzuholen.

Unermüdlich arbeitete Mme Des Brûlais weiter an der bildlichen Dokumentation der „Unterhaltung". Bei ihrem Aufenthalt im September 1854 in Corps plante sie außerdem eine Chromolithographie, mit deren Ausführung sie die Pariser Druckerei Kellerhoven beauftragen wollte. In Begleitung von Abbé Mélin, dem Pfarrer von Corps, suchte sie in Les Ablandins die alten Herrschaften von Maximin und Mélanie auf, um sich nach der Zahl und der Farbe der Tiere zu erkundigen, die die beiden Kinder am 19. September 1846 auf den Berg von La Salette getrieben hatten. Mit folgendem Ergebnis: Maximin und Mélanie führten jeweils drei Kühe, eine Färse und eine Ziege. Eine Kuh und eine Ziege waren schwarz gewesen; die übrigen fünf Kühe sowie eine Färse und eine Ziege hatten rotbraune Färbung. Aschweiß war die zweite Färse und schwarz die zweite Ziege. Ebenso exakt waren die Angaben über den Hund, der Maximin begleitet hatte.[212] Nichts durfte dem Zufall und dem Belieben überlassen bleiben.

II. Das Marienbild der „Wundertätigen Medaille" in La Salette

Zwei der von Jean Stern abgebildeten frühen Graphiken haben keinen oder nur einen losen Bezug zu dem von Mélanie und Maximin Gesehenen: Ganz ohne Krone, nur mit hellem Kopftuch stellte Pégeron in einer Publikation aus Grenoble die Erscheinung dar, deren Handgestus zudem von allen Beschreibungen der Seher abweicht (Abb. 76). In Widerspruch zu den Berichten von der „Unterhaltung" der Dame mit Mélanie und Maximin steht auch der von Turgis Jeune, Paris vertriebene Druck (Abb. 77). Maria sitzt hier und belehrt die Kinder. Sie trägt eine Krone oder ein Diadem mit sehr hohen, aus Pflanzenmotiven gebildeten Zacken.

Kann man derartige Abweichungen noch auf das Konto der Freizügigkeit gegenüber oder der mangelnden Kenntnis von den Aussagen der Augenzeugen schieben, so verhält es sich bei den Bildern, die die Erscheinende in der Haltung der Jungfrau der „Wundertätigen Medaille" wiedergeben, anders. Auf dem Holzstich der „Unterhaltung", den wohl im Mai 1847 die Druckerei Prudhomme verbreitete, senkt Maria ihre Arme, öffnet die Handflächen vertraulich auf die Kinder zu (Abb. 66). Eben so erscheint die bereits entschwebende Jungfrau in einem wohl ebenfalls 1847 gedruckten Blatt Grandins aus Grenoble (Abb. 78). In einer Lithographie Ruspinis mit der Darstellung der „Unterredung" begegnet Maria ebenfalls nicht mit verschränkten Armen, sondern entsprechend dem Bouchardon-Typus resp. dem Typus der „Wundertätigen Medaille" (Abb. 79). Nur leicht variiert – die linke Handfläche ist nach unten gekehrt –, übernimmt die von dem Pariser Verleger Gosselin publizierte Illustration der „Unterredung" diesen Typus (Abb. 70). Ein von der „Société de Saint-Victor pour la propagation des bons livres et arts Catholiques" in den 1850er Jahren verbreiteter Holzstich illustriert die abschließende Szene der Auffahrt Mariens (Abb. 80). Die Kinder stehen vor der Erscheinung, die sich bereits ein gutes Stück vom Erdboden erhoben hat. Von den Werkzeugen der Passion, die Maria dem Zeugnis der Kinder nach bei sich hatte, sind Zange und Hammer zu Seiten des Kreuzes auf der Brust Mariens abgebildet, doch die Haltung der von einer Lichtgloriole umgebenen Figur entspricht der auf dem Avers der „Wundertätigen Medaille". Die Wahl des Typus in den eben genannten Graphiken war nicht beliebig. Tatsächlich war das Marienbild der „Wundertätigen Medaille" resp. der vom Gnadenbild in Savona abgeleitete Marienbildtypus (erster Ordung) nahe daran, die Beschreibungen, die Mélanie und Maximin von ihrer Vision gegeben hatten, zu überblenden.

Das Titelbild eines in Luçon erstmals 1853 publizierten Berichts über eine in diesem Jahr veranstaltete Wallfahrt nach La Salette zeigt nicht allein Maria mit gesenkten Händen, sondern zudem die von den Handrücken ausgehenden Strahlen (Abb. 81). Der in dieser Publikation in Auszügen wiedergegebene Hirtenbrief des Bischofs von Luçon (verfasst anlässlich des Baus der neuen Kirche auf der Anhöhe von La Salette) zieht eine heilsgeschichtliche Linie von der Manifestation der Muttergottes der „Wundertätigen Medaille", der Bekehrung Ratisbonnes und einem verehrten Marienbild, das die Augen bewegte, hin zur Erscheinung in La Salette.[213] Auch die Veröffentlichung von Bruno Cabuchets Gedicht über die Erscheinung in La Salette (1854) zeigt auf dem Titelbild eingeschrieben in ein Oval eine kleine Darstellung des Bouchardon-Typus.[214]

Die Referenz der Titelblattillustration geht vermutlich auf das erste verehrte großformatige plastische Bildwerk von La Salette: Ein Pilger aus Marseille hatte es im Jahr 1849 gestiftet (Abb. 82, 83). Graf Rey de Garidel war am 12. Juli 1849 auf dem Weg zum Ort der Erscheinung gestürzt und mit seinem Pferd 150 Meter tief über felsigen Grund geschleift worden. Er blieb von geringen Blessuren abgesehen unverletzt. Bei dem Votivbild handelt es sich um eine Pappmascheefigur,[215] überzogen mit Leinwand und farbig gefasst. Das Kreuz als Brustschmuck nimmt Bezug auf die Beschreibungen von Maximin und Mélanie. Hammer und Zange an den Querbalken fehlen, waren aber möglicherweise ursprünglich vorhanden,[216] wenngleich Abbruchspuren nicht erkennbar sind. Den uneindeutigen Beschreibungen des Kopfschmucks ist der Rosenkranz entnommen, aus dem Lichtstrahlen in Form einer diademartig an der Vorderseite höher gezogenen Krone nach oben streben. Ein Kranz aus Rosen liegt ihr zu Füßen. Doch sonst hat die heute im Salle Berthier des Klosters aufbewahrte Pappmascheefigur wenig mit der Dame zu tun, die den beiden Kindern am 19. September 1846 erschienen war, sondern ist abzüglich der Strahlen die Erscheinung, die Aladel der Vision seines Beichtkindes Cathérine Labouré untergeschoben hatte.

Selbst auf dem „Kreuzweg" (der Strecke, auf der sich Maria bewegt hatte) konnte Aladels Bild für die Erscheinung vor Maximin und Mélanie einstehen. Ein Holzstich Dardelets, der Ernest de Toytots „Voyage de Grenoble à la Salette" von 1863 als Illustration mitgegeben ist, zeigt Pilger auf dem Weg entlang der damals noch von Holzkreuzen markierten Stationen der Erscheinung (Abb. 84). Einige haben vor dem tisch- oder altarähnlichen Gebilde am Gitter über der (wundertätigen) Quelle am Ort der Erscheinung der weinenden Jungfrau haltgemacht, auf der Blumen und dahinter eine Marienfigur mit nach unten gesenkten Armen stehen. Ein Arbeiter aus Lyon hatte die kleine gegossene Figur in der Lotterie gewonnen und nach der Heilung seiner Frau von einer schweren Krankheit als Votivfigur nach La Salette gegeben.[217]

Die von Rey de Garidel gestiftete Marienfigur war das erste Gnadenbild der „Sainte Montagne". Aufgestellt war sie ab dem 19. September 1849 – dem dritten Jah-

Abb. 76 Pégeron, C., Unterhaltung, Lithographie, in: Apparition de la Ste Vierge à deux bergers de la Salette (…), Grenoble, o. J.
Abb. 77 Turgis (Hg.), Die Unterhaltung, 1847

restag der Erscheinung – in der provisorischen hölzernen Kapelle, die am Ort der „Assomption" Mariens errichtet worden war.[218] Am 25. Mai 1852 wurde der Grundstein der Wallfahrtskirche (der späteren Basilika) von La Salette gelegt. In feierlicher Prozession überführte man die Figur 1853 in den bereits stehenden Teil des Chors.[219] Aufgestellt war sie zunächst auf dem Hochaltar; ein Triumphbogen überhöhte sie, geformt aus goldenen Herzen.[220] Geweiht war der Hochaltar mit dem von dem Marseiller Pilger gestifteten Marienbild der „Unbefleckten Empfängnis".[221] Ausdrücklich bezeichnete Berthier das Votivbild Rey de Garidels als Bild der „Unbefleckten Empfängnis",[222] womit auch inhaltlich der Bezug zur „Wundertätigen Medaille" gewahrt blieb. Noch als mit den Bronzen an den Orten

Abb. 78 Grandin, A., Die Himmelfahrt, um 1847
Abb. 79 Ruspini, Unterredung, 1850, Lithographie

der Erscheinung, mit der Marienstatue auf der Kapelle vor der Kirche und mit der neuen Madonnenfigur hinter dem Hauptaltar die Ikonographie von La Salette feststand, blieb diese Votivstatue Objekt der Verehrung. Sie war es, die bei den Prozessionen anlässlich der hohen Marienfeste „im Triumph" mitgeführt wurde.[223]

Das falsche Bild der Medaille hatte sich (vorläufig zumindest) der Erscheinung in La Salette bemächtigt: „Beim Anblick der Marienstatue (...) vermeinte ich die Erscheinung selbst zu sehen." (Louis Gobert 1854 über die Votivgabe Rey de Garidels)[224] Dementsprechend wünschte sich Maxime de Mont Rond in seiner 1856 erstmals

Abb. 80 Anonym, Notre-Dame de la Salette, um 1850–60
Abb. 81 Anonym, L'Événement de La Salette et un pèlerinage à cette sainte montagne, le 19 septembre 1853, Luçon 1854, Titelbild

Abb. 82 Anonym, Notre-Dame de la Salette, 1849, La Salette, Kloster, Salle Berthier
Abb. 83 Anonym, Notre-Dame de la Salette (Detail), 1849, La Salette, Kloster, Salle Berthier

Abb. 84 Dardelet, E., Kreuzweg in La Salette (Illustration in: Toytot, Ernest de, Voyage de Grenoble à la Salette, Paris 1863

publizierten Erinnerung an die Pilgerreise nach La Salette, die Statue, die später einmal den Mittelpunkt des Heiligtums auf dem Berg bilden sollte, möge nach dem Vorbild der die Wallfahrtskirche von Fourvière bekrönenden Figur gestaltet werden.[225]

Das Augenzeugenbild der Erscheinung auf dem Plateau von La Salette, für das sich insbesondere Marie Des Brûlais so sehr engagierte, spielte in La Salette selbst zunächst nur auf der Ebene der graphischen Illustrationen eine Rolle. Zwar war schon 1849 eine auf die Augenzeugenberichte Maximins und Mélanies gestützte Statue in La Salette vorgesehen gewesen. Der in Lyon (der, was die Produktion katholischer Kunst anbelangt, wichtigsten französischen Stadt) tätige Guillaume Bonnet, war eingeladen worden, ein Bild der Erscheinung zu schaffen. Aus La Salette wurde von Van de Cruise dem Künstler eine Beschreibung der Erscheinung übermittelt, zusammen mit der Empfehlung, die beiden Seher zu befragen,

Abb. 85 La Salette, Kapelle am Friedhof

„da ich nicht weiß, ob es bis jetzt ein zufriedenstellendes Bild gibt."[226] Hinsichtlich der umstrittenenen Frage nach der Kopfbedeckung der Erscheinung in La Salette hat sich Bonnet wohl auf die Rekonstruktion verlassen, die Abbé Mélin im Juni 1850 „unter den Augen" Maximins und Mélanies hat schneidern lassen.[227] In der „Unterhaltung" steht die Jungfrau vor den beiden Kindern. Eine solche Gruppe, so Bonnet, falle eher ins Gebiet der Malerei, mit deren Mitteln insbesondere die Licht-Schatten-Effekte der Erscheinung als Erscheinung sinnfälliger gemacht werden könnten. Die Beifügung der Kinder zur Figur der erscheinenden Maria sei für ein Werk der Skulptur „unschön".[228] Das im Juli 1851 gelieferte Modell missfiel Mélanie, was Figur und Haltung betraf, nicht, doch nach 1852 ist von dem mit Bonnet betriebenen Projekt keine Rede mehr.[229] Am Geld wird es nicht gelegen haben. Bonnet kapitulierte vor der Entscheidung, das Augenzeugenbild und seine ästhetiktheoretischen Vorstellungen, hier insbesondere die Vorstellung von den gattungsspezifischen Grenzen zwischen Skulptur und Malerei, in Balance zu setzen.

Erst Joseph-Hugues Fabisch, dessen „Immaculata" als Vorbild von Maxime de Mont Rond aufgerufen worden war, leitete die ikonographische Wende in La Salette ein. Die aus Holzplanken provisorisch aufgerichtete Kapelle am Ort der Erscheinung wurde 1853 durch eine steinerne ersetzt, die der Witterung aber sowenig Widerstand leistete, dass sie bereits 1857 durch einen Neubau ersetzt werden musste (Abb. 86).[230] Eine vergoldete Bronzestatue sollte die Kapelle bekrönen. Verhandelt wurde zunächst mit dem Bildhauer Foyatier, dessen Kostenvoranschlag – 30.000 Francs –, weil zu hoch, nicht akzeptiert wurde. Man wandte sich an den Schöpfer der Jungfrau von Fourvière, und Fabisch lieferte denn auch die (jetzt marmorne) Bekrönung der Kapelle am Ort der Erscheinung. Die von Baron Adrien de Sordet finanzierte Marmorstatue stellt Maria beim Aufstieg in den Himmel dar (Abb. 87). (Als Stiftung großzügiger Frauen aus Grenoble kam eine Darstellung der Erscheinung Mariens vor Maximin und Mélanie auf den Altar der Kapelle.[231])

Im Unterschied zu der Votivfigur Rey de Garidels hält sich Fabischs Marienstatue, die im Juni/Juli 1860 in Stücken auf den Berg geschafft wurde, an die Angabe Maximins und Mélanies, dass die „Schöne Dame" während der „Unterredung" und bei der „Himmelfahrt" die Hände in die Ärmel gesteckt habe. Das Kreuz mit Zange und Hammer bildet den Brustschmuck, Maria trägt den Kranz aus Rosen auf dem Kopf und darüber eine Krone mit vegetabilischen Motiven. Doch auf eine zu weitgehende Reproduktion des Visionsberichts ließ sich der

Abb. 86 La Salette, Kapelle am Ort der Erscheinung, 1853/1857, alte Fotografie

Künstler nicht ein. Die von den Sehern beschriebene Kleidung erschien ihm so exzentrisch, dass der Grenobler Bischof Ginouilhac gestattete, die Berichte der Seher in eine eigenständige künstlerische Konzeption umzusetzen. Fabischs erklärtes Ziel war es,

„den Bericht der Kinder, was die Kleidung anbelangt, derart zu interpretieren, dass ich mich so weit als möglich dem hergebrachten Kostüm der Heiligen Jungfrau annähern konnte."[232]

Auf die große Kette verzichtete Fabisch, und das Problem, seiner Figur die der einheimischen Tracht verwandte Haube aufsetzen zu müssen, umging er, indem er ihr nur einen Kopfschleier überzog. Fabisch habe „in seinem Werk alle Anforderungen, die sich aus den detaillierten Angaben des Kindes ergaben, mit den strengsten Bedingungen der Wissenschaft und der Tradition zu verbinden gewusst".[233] Dieses Lob, das Michel Bellet 1864 Fabischs Lourdes-Madonna in der Grotte von Massabielle spendete, impliziert auch das Problem des Künstlers, Augenzeugenbericht, ikonographische Tradition und ästhetische Theorie zur Synthese zu bringen. Es wird auch in Lourdes nicht gelingen. In La Salette waren Augenzeugenbericht, ikonographische Tradition und ästhetische Theorie noch sehr viel härter aneinander gestoßen.

Nur vom Rand her spricht die große Marmorstatue von Fabisch heute noch in der Rivalität der Statuen von La Salette mit: Die 1864 angelieferten Bronzen Barrêmes/Bourichés mit den drei Stationen der Erscheinung konkurrierten mit der kleinen Kapelle und der bekrönenden Marienfigur und vice versa. Um die Konkurrenz der

Abb. 87 Fabisch, Joseph-Hugues, Notre-Dame von La Salette, 1859–60, La Salette, Kapelle am Friedhof

  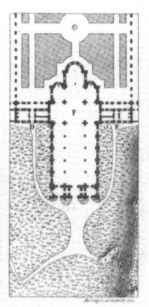

Abb. 88 Berruyer, Alfred Jean-Maurice, Entwurf für die Wallfahrtskirche von La Salette, 1850

Bilder zu entschärfen, wurde 1865 die Kapelle an die höhergelegene Stelle des späteren Friedhofs der Missionare von La Salette versetzt (Abb. 85). Aus statischen Gründen holte man 1996 die die kleine Kapelle im Wortsinne erdrückende Marienfigur ins Innere der Kapelle.[234]

Der von Fabisch gewählte Typus war, allerdings zunächst folgenlos, von dem Architekten der Wallfahrtskirche vorgedacht worden. 1850 hatte Alfred Jean-Maurice Berruyer den Auftrag bekommen und im Oktober einen ersten Entwurf vorgelegt. Von dem ausgeführten Bau weicht das erste Projekt nicht nur in seinen bescheideneren Dimensionen ab. Anstelle der Doppelturmfassade dominiert den Bau ein mächtiger sechseckiger Vierungsturm. Die Zeichnung Berruyers zeigt als Bekrönung eine von einem Strahlenkranz umkleidete Marienfigur, deren Arme über der Brust verschränkt sind (Abb. 88). Fabisch entschied die Konkurrenz der graphischen Darstellungen der Erscheinung zugunsten derjenigen, die beginnend mit Ferdinand Rostaings Maria mit verschränkten Armen und wohl zuerst bei Houzelot mit in die Ärmel gesteckten Armen wiedergeben. Die ikonographisch anstößigeren Details, die Mme Des Brûlais akribisch recherchiert hatte, blendete Fabisch dagegen, wie gesagt, mit Einverständnis des Bischofs aus. Zwar konnte man das aus dem ikonographischen Rahmen fallende Aussehen der „Schönen Dame" von La Salette auch als Echtheitsbeweis verstehen – in seinem Schreiben an den Lyoneser Kardinal Bonald sah Mgr. de Bruillard im Abweichen von traditionellen Darstellungstypen einen Beleg dafür, dass die Erscheinung keine Erfindung der Kinder gewesen sein könne[235] –, doch zunächst warf das nicht nur für den Bildhauer Fabisch ein Problem auf. Ließ sich die Beschreibung der Augenzeugen in ein der Tradition der Kirche angemessenes Bild umsetzen?

III. Die Jungfrau mit der „Mohikanermütze auf dem Kopf" und Cariminis falsches Bild

„Auf der winzigen Promenade nahe bei der Quelle (...) erheben sich an drei verschiedenen Stellen Bronzefiguren. Eine lächerlich angezogene Jungfrau mit einer Zuckerbretzelfrisur und einer Mohikanermütze auf dem Kopf liegt weinend auf den Knien, den Kopf in den Händen verborgen. Dann steht dieselbe Frau aufrecht, die Hände nach Art der Geistlichen in ihre Ärmel gesteckt, ihren Blick auf die beiden Kinder gerichtet, mit denen sie spricht: Maximin, wie ein Pudel frisiert, dreht einen Hut, der wie eine Sandkuchenmelone aussieht, zwischen den Fingern, und Mélanie, kurzhalsig und mit aufgestülpter Rüschenhaube, hat einen Briefbeschwerer-Wauwau aus Bronze neben sich, und endlich sieht man dieselbe Gestalt noch einmal, diesmal reckt sie sich auf Zehenspitzen und schlägt in einer melodramatischen Haltung die Augen zum Himmel auf. Niemals ist die geschmacklose Vorliebe für Häßlichkeit, die jetzt die Kirche entehrt, krasser hervorgetreten als an diesem Ort".

Die „eindringlichen Scheußlichkeiten dieser unwürdigen Bildwerke, die von einem Herrn Barrême d'Angers ausgedacht sind und in den Munitionsfabriken von Le Creusot gegossen worden sind", erbitterten Joris-Karl Huysmans' alter ego Durtal zu Beginn des 1898 erschienenen Romans „La Cathedrale" (Abb. 89–93). Sie erbitterten ihn und ließen ihn in Verbindung mit dem „furchtbaren Klima" und der kargen Landschaft, die „wie der Haarausfall der Natur, die Lepra der Erde" anmutete, nur um so mehr über die Massen an Gläubigen, darunter Tausende Kranke staunen, die von dieser Stätte angezogen wurden.[236]

Der von Huysmans so verachtete „Barrême d'Angers" hat so gut wie keine Spur in der Kunstgeschichte hinterlassen, und dies obwohl die „lächerlich angezogene Jungfrau mit einer Zuckerbretzelfrisur und einer Mohikanermütze", die „weinend auf den Knien, den Kopf in den Händen verborgen" liegt, dem Urteil des ehemaligen Archivars des Salettinerklosters in La Salette, Jean Stern, zufolge, so bekannt sei wie die Muttergottes von Fatima.[237] Das sonst so auskunftsfreudige „Dictionnaire de sculpteurs de l'École française au dix-neuvième siècle" von Stanislas Lami widmet dem Bildhauer nur wenige Zeilen, gibt als Wohnsitz irrtümlich Nantes an, nennt

Abb. 89 Barrême d'Angers, Henri-Hamilton / Bouriché, Henri, Die weinende Jungfrau, 1864, La Salette

Abb. 90 Barrême d'Angers, Henri-Hamilton / Bouriché, Henri, Die Unterhaltung, 1864, La Salette

mit der steinernen Denkmalsstatue des Du Guesclin nur ein Werk, unterschlägt sogar den Vornamen. Der auch im Netz kaum greifbare Künstler Henri-Hamilton Barrême wurde 1795 auf den Bermudas geboren, arbeitete zuerst in Ancenis, ab 1847 in Angers und später in Pornic, wo er 1866 verstarb.[238] Als Schöpfer der ersten von Mme Des Brûlais autorisierten Figurengruppe der „Unterhaltung" für das Petit-Séminaire in Nantes war er prädestiniert für den dank der Stiftung José de Penalvers ermöglichten Auftrag für die die drei Stationen der Erscheinung in La Salette memorierenden Bronzen.

Stabil ist die Autorschaft Barrême d'Angers übrigens nicht. Unter den frühen Autoren, die auf die Bronzegruppen eingehen, nannten ihn Berthier/Perrin (1878) und Bertrand (1888).[239] Verdunoy (1906)[240] und Carlier (1912)[241] gaben keinen Künstlernamen an. Toytot (1863) erwähnte Barême (sic) nur als Künstler der „Unterhaltung" auf dem Hochaltar.[242] Die Gruppe der „Himmelfahrt" inmitten von Engeln, die diese Gruppe hätte ersetzen sollen, wies Similien (zwischen 1866 und 1869) einem Künstler namens Bouriché aus Nantes zu, der, so Similien, auch die drei Figurengruppen an den Orten der Erscheinung geschaffen habe.[243] Als Aussage des maßgeblichen Initiators des Hochaltarprojekts, für das Similien 12 Jahre lang Spendengelder eingeworben hatte,[244] und desjenigen, der sich engagiert um eine Altarfigur bemüht hatte, ist Similiens Zeugnis ernst zu nehmen. Doch der Widerspruch lässt sich auflösen: Henri Bouriché arbeitete ab 1846 für Barrême; 1860 übernahm er in Angers Barrêmes Werkstatt.[245] Barrême dürfte die Modelle entworfen haben, deren weitere Ausarbeitung dem neuen Werkstattleiter Bouriché oblag.[246] 10 –12.000 Fr. hatte der spanische Graf Narciso José

Abb. 91 Barrême d'Angers, Henri-Hamilton / Bouriché, Henri, Die Unterhaltung, 1864, La Salette (Detail)

Abb. 92 Barrême d'Angers, Henri-Hamilton / Bouriché, Henri, Die Himmelfahrt, 1864, La Salette

de Penalver für eine plastische Darstellung der Erscheinung in Aussicht gestellt. Der Prior des Missionsordens auf La Salette, Buisson, entschied sich für eine Darstellung der „Unterhaltung". Als die Ambition des Klosters dahin ging, statt der einen alle drei Stationen der Erscheinung in Statuengruppen zu memorieren, ging der generöse Stifter mit und stellte mit Schreiben vom 19. September 1862 (am Jahrestag der Erscheinung) jetzt 30.000 Fr. bereit. Die Statuen sollten in Bronze gegossen werden, leicht überlebensgroß sein und so getreu wie irgend möglich das wunderbare Ereignis reproduzieren. 1864 wurden die Figuren an den Orten der Erscheinung installiert – die „Unterhaltung" am 24. Mai, die „Weinende" am 8. Juli, schließlich am 9. Juli die „Himmelfahrt".[247] Der Transport war schwierig und gefährlich gewesen. Die „Unterhaltung" kam in zwei Teilen auf den Rücken von Maultieren auf den Berg. Für die „Weinende" und die „Himmelfahrt" wurde eigens ein Transportfahrzeug konstruiert, das auf dem Weg nach oben gelegentlich zur Hälfte über dem Abgrund hing und nur dank der Tatkraft von 18 starken Männern auf seinem Weg gehalten werden konnte.[248]

Um die gewünschte Authentizität der Abbildungen zu gewährleisten, hatte Pater Berlioz die Augenzeugen befragt und Henri-Hamilton Barrême die entsprechenden Vorgaben gemacht.[249] Für die Darstellung der beiden Seher stützte sich der Künstler auf Fotografien.[250] Barrêmes/Bourichés Marienfiguren tragen die schwere Kette und darüber an einer kleinen Kette das Kreuz mit Zange und Hammer an den Querbalken. Kleid und Schürze der Jungfrau der drei Stationen entsprechen ebenfalls den Beschreibungen Maximins und Mélanies und den auf Betreiben der Mme Des Brûlais entstandenen Graphiken – abzüglich der leuchtenden Pailletten, die auf der stumpfen Patina der von der Gießerei Baude und Lanfrey in Le Creusot gegossenen Bronzen ohnedies nicht zur Wirkung gekommen wären. Geschmückt sind die Schuhe mit Rosengirlanden. An die von ihm bereits für seine Gruppe für das Petit-Séminaire in Nantes eingeholten Augenzeugenberichte hielt sich Barrême auch hinsichtlich der von Huysmans als „Mohikanermütze" verspotteten Kopfbedeckung, und der Kranz aus Rosen säumt den Rand der Haube, so wie Mélanie es gegenüber Mme Des Brûlais am 8. September 1849 erinnert hatte. Trotz intensivster Befragungen war unklar geblieben, wie genau man sich das „Glänzende" über der Krone aus Rosen vorzustellen habe.[251] In diesem Fall hielt sich der Künstler bzw. Pater Berlioz an die von Rey de Gardel 1849 gestiftete Marienfigur. Wie bei dieser sind oberhalb des Rosenkranzes Lichtstrahlen in Form eines Diadems angeordnet.

Abb. 93 Barrême d'Angers, Henri-Hamilton / Bouriché, Henri, Die Himmelfahrt, 1864, La Salette

Abb. 94 Maugendre, Adolphe, La Salette, Klosterkirche, Innenraum mit der Gipsgruppe Barrêmes/Bourichés am Hochaltar, Lithographie (Illustration in: Maugendre, Adolphe, La Salette. Album composé de huit vues dessinées d'après nature (…), Paris 1863)

Die von Huysmans in Hinblick auf ihren künstlerischen Rang verspotteten Figurengruppen konnten von Zeitgenossen sehr anders beurteilt werden. Graf Lafond bewunderte in ihnen „wahre Meisterwerke der christlichen Kunst".[252] Denselben Autor überzeugte auch der spirituelle Wirklichkeitsanspruch: Sie vermittelten einem den Eindruck, selbst den Szenen beizuwohnen, die dargestellt seien.[253] Die Bronzen wurden verehrt. So sehr, dass man sie schützen musste. Pilger mühten sich, mit Messern Material von den Figuren abzufeilen. Sehr erfolgreich können solche Praktiken nicht gewesen sein; auffällige Beschädigungsspuren gibt es nicht. Immerhin: Nur von Barrêmes/ Bourichés Bronzen ist eine derartige, an die Materialität der Statuen gebundene Verehrungspraxis überliefert, nicht von dem durch die päpstliche Krönung ausgezeichneten Marmorbild über dem Hochaltar. Lange währten solche Praktiken nicht: 1868 wehrten man den Zugriffen auf das Material der Bilder mit schmiedeeisernen Gittern.[254] Später begnügte man sich mit die Figuren einfassenden Ketten.

Die Verehrungspraktiken, die diesen Bildwerken zuteil wurden (auch noch zuteil werden: insbesondere der „Weinenden" werden Zettel mit der Bitte um Gebetserhörung zugesteckt), geschehen außerhalb des Sakralraums. In den Kirchenraum, in den liturgischen Kontext ließ sich dieses neuartige Bild der Muttergottes nur schwer integrieren. Zumindest nicht auf Dauer: 1863 publizierte Ernest de Toytot seine „Voyage de Grenoble à la Salette". Über dem Hochaltar sah er eine Darstellung der „Unterhaltung", modelliert aus Stuckmasse.

„Der Künstler, M. Barême d'Angers, stellte die Jungfrau aufrecht stehend dar, wie sie mit den Kindern spricht; das

Abb. 95 Carimini, Luca, Notre-Dame de la Salette (Gips), 1879, Reproduktion in Carlier, 1912, S. 519

Abb. 96, 97 Carimini, Luca, Notre-Dame de la Salette (Marmor), 1881 aufgest., La Salette, Basilika (Hochaltar)

Gesicht neigt sich ihnen sanft zu und trägt einen unauslöschlichen Ausdruck von Traurigkeit und Liebe."²⁵⁵

Toytot lobte den Künstler, dass er es nicht für unwürdig empfunden habe, die Kleidung Mariens exakt so wiederzugeben wie von den Kindern beschrieben. Bei der Figurengruppe, die Toytot sah, könnte es sich um ein Modell für den Bronzeguss der „Unterhaltung" gehandelt haben. (Im Unterschied zu den im kommenden Jahr 1864 auf den Berg geschafften Bronzen soll der Beschreibung Toytots zufolge das Gewand der Stuckplastik mit Perlen bedeckt gewesen sein.)²⁵⁶ Die im selben Jahr 1863 publizierte Lithographie Adolphe Maugendres und der der Publikation seines „Albums" beigegebene Text eines anonymen Abbé bestätigen die von Toytot beschriebene Situation (Abb. 94).²⁵⁷

Toytot empfand das Gewand Mariens in dieser Figurengruppe nicht als unwürdig, rechtfertigte die weiten Ärmel und die Schürze mit Verweis auf ähnliche Trachten von Frauenorden.²⁵⁸ Andere dachten anders. Als nach langen Streitereien um Kosten und Qualität der neue Hochaltar 1866 in der Klosterkirche aufgestellt werden konnte,²⁵⁹ begann die Diskussion darüber, welche Figur die nur provisorisch an dieser prominentesten Stelle aufgestellte „Unterhaltung" ersetzen sollte. Allein die Klosterbrüder wünschten den direkten Bezug zum Geschehen vom 19. September 1846; die Szene der „Unterhaltung" sollte allerdings durch die der „Himmelfahrt" der Jungfrau ersetzt werden.²⁶⁰ Der entsprechende Auftrag war bereits erteilt – Auftragnehmer war, wie oben kurz schon erwähnt, Similien zufolge Henri Bouriché, der Schüler und Nachfolger Barrêmes in Angers –, nachdem das Modell bischöflicherseits approbiert worden war.²⁶¹ Louis-Marie-Urbain Similien selbst, der Initiator des Hochaltarprojekts, schlug demgegenüber eine von Engeln begleitete schmerzhafte Muttergottes vor. Deutlich sprach sich der Architekt der Klosterkirche, Berruyer, gegen das von Maximin und Mélanie beschriebene Kostüm der Erscheinung aus. Ob die Leidenswerkzeuge als Brustschmuck dargestellt werde sollten, ließ er offen; in jedem Fall sollte Maria antikisch gekleidet sein. Und wenn der Erzischof von Lyon und Vienne Jacques Ginoulhiac auf einer „liturgischen Jungfrau" bestand,²⁶² dann implizierte dies wohl, dass auch er das von den Kindern gesehene und von Barrême/Bouriché umgesetzte Bild als unliturgisch, somit für den Ort am Hochaltar für unangemessen erachtete.

Die Frömmigkeit der Pilger entsprach nicht den Konventionen. Das außen – an den Orten der Erscheinung – Mögliche war nicht das innen – im Sakralraum – Geziemende. Der Frömmigkeitspraxis gelang es trotzdem – in der kalten Jahreszeit – das Außen zum Innen zu machen. Im Winter lag der Schnee oft meterhoch auf dem Plateau des „Heiligen Berges", und unter meterhohen Schneemassen waren dann auch die Bronzen mit den Phasen der Erscheinung und die wundertätige Quelle vergraben.²⁶³ Die wärmende Sonne tagsüber und der nächtliche Frost ließen die Schneedecke so hart werden, dass sie standhielt, wenn in das Innere des Schneehaufens Höhlen mit Gängen gegraben wurden. Der in Verbindung mit dem Wasser der Quelle zu Eis gefrorene Schnee stabilisierte die Wände, die, so Berthier/Perrins Pilgerführer, dem schönsten Marmor ähnelten, ja, wie Kristalle leuchteten. Die an den Gewölben befestigten Leuchtkörper ließen im Widerschein das Eis gleich Edelsteinen aufleuchten.

„Die schwarzen Bronzen, die so sprechend in ihrer Haltung und ihrer Ruhe sind, nehmen die Seele gefangen und nötigen zum Gebet. Hier gibt es keinen Widerschall des Lärms der Welt, kein Wind weht. (…) Dies ist nicht mehr kaltes Eis, man befindet man sich gleichsam in einer Lichtkugel. (…) Man träumt vom Himmel."[264]

In diesen „stillen Katakomben"[265] wuchs den Statuen der bäuerlich gekleideten Jungfrau mit ihren ungewöhnlichen Attributen die Aura von Gnadenbildern im heiligen Raum zu. Im offiziellen Sakralraum, in der Klosterkirche, am Hochaltar der Klosterkirche blieb die äußere Erscheinung, die Maria für ihr Erscheinen vor den beiden Hirtenkindern gewählt hatte, dagegen anstößig.

Die Frage nach dem angemessenen Bild im Sakralraum wurden drängend, als Amand-Joseph Fava, seit 1875 Bischof von Grenoble, seinen Ehrgeiz darein setzte, beim Papst für die Wallfahrtskirche von Notre-Dame de La Salette den Titel einer „Basilica minor" und für eine Marienstatue in der Kirche die Ehrung der päpstlichen Krönung zu erwirken. Papst Leo XIII. gewährte mit Dekret vom 19. Januar 1879 beide Privilegien.[266] Bezüglich letzterem machte die Ritenkongregation allerdings zur Auflage, die zu krönende Statue müsse den von der Tradition sanktionierten Bildern entsprechen.[267]

Barrême d'Angers/Bourichés „Unterhaltung", die immer noch den Platz des Hochaltarbildes einnahm, kam als Kandidatin für die zu krönende Statue ebensowenig in Betracht wie die in Auftrag gegebene „Himmelfahrt". Wohl auch, damit die Ritenkongregation die Kontrolle behielt, wurde der Auftrag für eine angemessene marmorne Statue nach Rom vergeben. Den Auftrag erhielt Luca Carimini, ein renommierter römischer Architekt, der sich aber auch als Bildhauer insbesondere auf dem Gebiet der Grabmalskunst hervorgetan hatte.[268] Bischof Fava verfolgte während seines Romaufenthaltes die Arbeit an der Statue. Auch Mélanie Calvat, die seit 1867 in Castellamare bei Neapel lebte, war in diesem Jahr zeitweilig in Rom. Ein von ihr verfasster, von Gilbert-Joseph-Émile Combe 1906 und von Léon Bloy 1908 publizierter Text[269] klagt Bischof Fava und seinen Begleiter Père Berthier an, sie in Rom zu verleumden[270] und beschwert sich darüber, dass Fava sich geweigert habe, die von ihr entworfene Regel für das Männer- und Frauenkloster auf dem Berg von La Salette zu übernehmen, und stattdessen seinen eigenen Entwurf für eine Klosterregel vom Papst billigen lassen wollte.[271] Bei einem gemeinsamen Abendessen teilte Fava Mélanie mit – so überlieferte es zumindest die Seherin –, er habe ein Modell der von ihm gewünschten Statue für den Hochaltar der künftigen Basilika in La Salette mitgebracht. Es sei der von Mélanie und Maximin beschriebenen Marienfigur vorzuziehen. Die von Fava gewünschte Statue solle weder Kopftuch noch Schürze, noch Schuhe tragen, stattdessen einen Mantel; die Bekleidung solle jedenfalls nicht mehr den Frauen der Region ähneln. Keinesfalls dürfe die Marienfigur ein Kreuz als Schmuck tragen, da das die Pilger nur traurig stimmen würde. Mélanie war entsetzt. Nur mühsam hielt sie sich mit der Empfehlung zurück, Fava solle auf den Statuensockel schreiben „Jungfrau der Vision des Mgr. Fava".[272]

Mélanie beschloss, sich selbst einen Eindruck von der in Auftrag gegebenen Figur zu verschaffen und suchte in Begleitung von Pater Trévis das Atelier Cariminis auf. „Aber nein! Aber nein! Mein Herr", rief sie angesichts der

Figur aus, die ihr Carimini präsentierte. „Das kann nicht Notre-Dame de la Salette sein! Sie hat nichts, was ihr ähnelt."[273] Der Künstler rechtfertigte sich, dass er sich getreu am Modell Bischof Favas orientiert habe; Mélanie entgegnete, Fava habe nie Maximin und sie um Rat gefragt, sein Modell sei ein Werk der Phantasie.[274]

Ungeklärt ist, ob Mélanie Bischof Favas Rolle zutreffend wiedergab. Anderen Meldungen zufolge sei es Kardinal Bartholini gewesen, der zwar Kreuz und Passionswerkzeuge als Bordürenornament des Mantels gestattet, das Kruzifix als Halschmuck als dem Geist und der kirchlichen Tradition der Marienikonographie zuwider aber abgelehnt habe. Fava habe gerade nicht der Ritenkongregation seine Ideen aufgedrängt, sondern habe auf dem von den Sehern bezeugten Kruzifix mit Zange und Hammer bestanden. Es sei diese Intervention Favas gewesen, die Carimini daran gehindert habe, rechtzeitig vor dem bereits feststehenden Krönungstermin die Marmorstatue fertig zu stellen.[275] Mélanie unterstellte dagegen, dass eine Lähmung der Hände den Bildhauer an der Weiterarbeit gehindert habe – die Strafe Gottes für das falsche Bild, und die Erhörung ihres Gebets, Gott möge Favas und Berthiers Triumph verhindern.[276] Mélanie hatte das ‚Augenzeugen-Bild' erwartet. Für Carimini und seine Auftraggeber widersprach das dem Kunstanspruch und der theologisch und ästhetisch begründeten Forderung nach Schönheit und Angemessenheit.

In jedem Fall musste für die lange vorher auf den 21. August 1879 festgelegte Statuenkrönung ein Ersatz gefunden werden. Gekrönt wurde ein Gipsmodell der unvollendeten Marmorfigur: Einer großen Prozession wurde die Krone vorangetragen hin zu einem Gerüst vor der Kirche, auf dem die Gipsfigur vorerst noch verhüllt aufgestellt war. Nachdem Fava ein Marienlied angestimmt hatte, wurde die Statue enthüllt; Kardinal Guibert setzte in Vertretung des Papstes der Figur die Krone aufs Haupt. Während Carlier und Borel vom enthusiastischen Beifall der Pilger berichten, der beim Wegziehen des Schleiers losgebrochen sei,[277] registrierte Mélanie erfreut die Nachricht eines Augenzeugen, die Menge sei beim Anblick der Statue enttäuscht gewesen. Der ‚echten' „Notre-Dame de la Salette" seien nicht die Haare frei auf die Schulter gefallen, man könne die Hände sehen und der Mantel, den sie umhabe, gleiche dem der Damen von Paris. Außerdem vermisste man das Kreuz als Halsschmuck.[278] Die Krönung einer Gipsfigur sei, so Mélanie, ohnedies ungültig, und die aufgebrachte Seherin prophezeite denn auch: „Die Statue der falschen Krönung wird niemals Wunder wirken."[279]

Tatsächlich wich die Gipsfigur erheblich von den Schilderungen Maximins und Mélanies ab, machte aus der „lächerlich angezogenen Jungfrau" (Huysmans) wieder die traditionell mit Schleier und antikischem Mantel bekleidete Maria, die die Arme über der Brust kreuzt, diese aber nicht in den Ärmeln verschwinden lässt (Abb. 95). Entgegen dem Bericht, der Mélanie in Italien überbracht wurde und entgegen den Einwänden Kardinal Bartholinis trägt die gekrönte Gipsfigur aber noch das am Hals befestigte Kruzifix und seitlich Zange und Hammer. 1878 gewährte Leo XIII. Mélanie eine Papstaudienz und soll die Statuenkrönung unter der Bedingung zugesagt haben, dass die von Mélanie geforderten Veränderungen berücksichtigt würden.[280] Hat das der Gipsfigur den Schmuck aus Passionswerkzeugen belassen? Oder hatte sich Bischof Fava vorläufig noch durchsetzen können – falls er in der Geschichte doch nicht die von Mélanie behauptete

Rolle des Bösewichts spielte? Oder wurden die umstrittenen Passionszeichen erst nachträglich hinzugefügt? Luca Cariminis Marmorfigur jedenfalls, die 1881 geliefert, aufgestellt und geweiht wurde, fehlen nun auch die Passionszeichen (Abb. 96, 97).[281] Nur ein schlichtes Band mit Anhängern liegt Maria eng am Hals an. Die Kosten von 10.000 Fr. für die Marmorfigur hatte eine hochherzige belgische Stifterin, Mme de Robiano, bereit gestellt.[282] Die kunstgeschichtliche Literatur ignorierte Cariminis Werk komplett und fällte damit unausgesprochen das Urteil. Zeitgenossen sahen das anders: Der Jesuitenpater Louis Saint-Cyr hatte bei Carimini eine Nachbildung des „neuen Modells" von „Notre-Dame de la Salette" bestellt. Bischof Fava schrieb ihm, die Nachbildung sei noch in Cariminis römischem Atelier und versprach, Carimini werde ein „vollkommenes Meisterwerk" schaffen,[283] ein „vollkommenes Meisterwerk" kopiert nach einem falschen Bild.

Exkurs:
Realismus in La Salette

Dass wir beispielsweise Caravaggio nicht im gleichen Sinne einen Realisten nennen wie Gustave Courbet, liegt neben anderem auch daran, dass Caravaggio zwar in hohem Maße ‚realistisch' malte, also mittels Oberflächendifferenzierung, Abweichungen von allgemeinen körperlichen und physiognomischen Schemata – auch durch Schmutz und durch gelegentlich forcierte Hässlichkeit – Individuelles bezeichnete oder suggerierte, das von ihm ‚realistisch' Gemalte aber nicht unbedingt real im Sinne des vom Maler Gesehenen war.

Der Engel, der den Evangelisten Matthäus in dem für S. Luigi dei Francesi gemalten, abgelehnten, später ins Berliner Kaiser-Friedrich-Museum verbrachten, noch später zerstörten Bild inspiriert, ist abzüglich der gewaltigen Flügel ein sehr irdischer Engel (Abb. 98). So, wie der Engel sich dem Evangelisten zuneigt, so sinnlich wie er seine Hand führt, entspricht er den bei Caravaggio in religiösen oder mythologischen Rollen wiederholt auftretenden jungen Männern, die nicht notwendig auf die Lustknaben in der klerikalen Männergesellschaft der Heiligen Stadt anspielen, aber in jedem Fall sehr irdisch und sehr erotisch sind. Dass der Evangelist diese erotische Präsenz seines himmlischen Beistands nicht bemerkt, sondern bäuerisch, borniert im Wortsinne auf sein Schreiben konzentriert bleibt, ist seinerseits Teil der realistischen Strategie des Malers. Caravaggio malte den hl. Matthäus als grobschlächtigen, intellektuell eher Unterbegabten – was die Inspirationsnotwendigkeit umso glaubhafter werden lässt –, und er malte realistisch einen Engel. Doch Caravaggio ist dem Evangelisten Matthäus nie begegnet und er wird nie Gelegenheit gehabt haben, einen veritablen Engel zu sehen. Der ‚Realismus' Caravaggios ist kein Realismus, der sich auf Augenzeugenschaft berufen darf. Mit dem Kriterium der Augenzeugenschaft legitimierte sich Gustave Courbet. Engel, so sein oft zitierter Standpunkt, könne er nicht malen, da er nie einen gesehen habe. Mélanie Calvat und Maximin Giraud hatten die Jungfrau gesehen. Ob dem tatsächlich so war, wie dem war – Faktum ist, dass die Bronzen, die bei Barrême bestellt und

Abb. 98 Caravaggio, Michelangelo Merisi da, Der hl. Matthäus, 1602, ehem. Berlin, Kaiser-Friedrich-Museum
Abb. 99 Courbet, Gustave, Die Badende, 1853, Montpellier, Musée Fabre

vermutlich von Bouriché ausgeführt wurden, bestellt und ausgeführt wurden als Augenzeugenbilder. Die Bronzen, die die Phasen der Erscheinung im La Salette festhalten, waren insofern „realistische" Bilder im Sinne von Courbets auf Augenzeugenschaft beruhendem Realismus-Konzept. Dass sie anders aussehen als die von Courbet beobachteten Figuren, dass die „Jungfrau mit der Mohikanermütze" beispielsweise nicht der aus dem Fluss/See steigenden fülligen Frau („Die Badende") ähnelt, kann noch nicht der hinreichende Grund sein, den Bronzen in La Salette den Status von zumindest intentional realistischen Bildern abzusprechen.

Es war weniger der ‚realistische' Blick auf die Wirklichkeit, den man Courbet vorwarf, sondern die Verletzung der Gattungsgrenzen. Das Bild „Die Badende" im Musée Fabre, Montpellier ist mit seiner Höhe von 2,27 m als Bildformat zu groß, um als Genrebild durchgehen und akzeptiert werden zu können (Abb. 99). Das Gemälde beanspruchte, in einer anderen, höheren ästhetischen Liga mitspielen zu können. Das war der eigentliche Skandal. Die „Madonna mit der Mohikanermütze" hatte als Augenzeugenbild ihren Platz in der populären religiösen Imagerie. Es waren zuerst und zunächst Druckgraphiken, die mit dem ‚authentischen' Bild der Erscheinungen warben. Das anders gelagerte, aber Courbet analoge Problem war, dass solche Bilder beanspruchten, an die Stelle der traditionellen Kultbilder oder auch nur an die Stelle der liturgisch üblichen Bilder zu treten.

Diese Publikation will aus Henri-Hamilton Barrême/Henri Bouriché keinen verkannten Courbet machen. Aber sie will auf die analoge Begründung der Augenzeugenschaft hinweisen. Und auf das analoge Glaubwürdigkeitsproblem: Haben Mélanie und Maximin die Jungfrau Maria tatsächlich so gesehen wie in den Bronzen gezeigt, oder spielte nicht auch so etwas eine Rolle wie der Rückkoppelungseffekt bereits vorliegender Bilder – in dem Fall die aus dem ‚Verhör' der Augenzeugen generierten Graphiken? Hat Courbet die badende Frau tatsächlich so gesehen wie sie in seinem Gemälde in Montpellier zu sehen ist, oder hat er die Fotografie Julien Vallou de Villeneuves nach seinem Lieblingsmodell Henriette Bonnion,[284] was die Korpulenz anbelangt, nur noch etwas ‚realistischer' gestaltet?

Lourdes
I. Das falsche Bild in der Grotte von Massabielle

Am 11. Februar des Jahres 1858 sammelte das in ärmlichen Verhältnissen aufwachsende, ungebildete 14-jährige Mädchen Bernadette Soubirous mit ihrer Schwester und einer Freundin Holz in der Nähe der Felsengrotte von Massabielle bei Lourdes. Ein unvermutet aufkommender Windstoß beunruhigte sie; dann sah sie in einer Nische der Grotte eine schöne Dame. Bei jedem neuen Besuch Bernadettes in der Grotte wiederholte sich die Erscheinung der Dame, die ganz in weiß gekleidet war – weißes Kleid, weißer Schleier – und nur durch ihren langen blauen Gürtel und die zwei goldgelben Rosen auf den nackten Füßen farblich akzentuiert wurde.

Allmählich mehrten sich die Neugierigen und die Gläubigen, die Bernadette bei ihren Besuchen zur Grotte begleiteten und fasziniert die kleine Seherin beobachteten, ohne selbst an der Vision teilhaben zu können. Man unterzog das Kind Bernadette strenger Verhöre, die Widersprüche aufdecken, so die Glaubwürdigkeit testen sollten; immer wieder wurde nach dem Verhalten und nach dem Aussehen der Erscheinung gefragt. Hinsichtlich der Identität der „Dame" wusste Bernadette nichts oder wollte sich nicht festlegen. Sprach sie von der „Schönen Dame", dann gewöhnlich mit dem Wort „Aquéro", ein Wort aus dem in den Pyrenäen gesprochenen Dialekt, das so viel heißt wie „Das da".

Abb. 100 Mercereau, Charles, Grotte miraculeuse de Lourdes, um 1860, Lithographie

Vor der 16. Erscheinung am 25. März drängte der Dorfpfarrer Peyramale Bernadette, „Aquéro" um ein Wunder und um die endliche Auflösung des Rätsels um ihren Namen zu bitten. Das Wunder, die verdorrte Heckenrose in der Grotte zum Blühen zu bringen, tätigte die Erscheinung nicht,[285] doch ihre Identität gab sie im Dialekt Bernadettes preis: „Qué soy éra Immaculada Counceptiou" („Ich bin die Unbefleckte Empfängnis"). Da vorgeblich das ungebildete Mädchen keine Kenntnis von dem vier Jahre vorher dogmatisierten Glaubensgeheimnis gehabt haben könne – Bernadette selbst betonte am 7. Dezember 1860 vor der bischöflichen Kommission in Tarbes niemals vorher davon gehört zu haben[286] –, galt und gilt vielen diese Aussage von Aquéro als die himmlische Bestätigung der Bulle „Ineffabilis Deus" des „Immaculata-Papstes" Pius IX.[287]

Wenn im Folgenden nach der Beziehung der Erscheinung bzw. Bernadettes Bericht von der Erscheinung und Bernadettes Nachahmung der Erscheinung zu den

Abb. 101 Bernadette betet in der Grotte, alte Postkarte, Fotografie Februar 1864

künstlerischen Repräsentationen der Erscheinung gefragt werden wird, ist vorwegzunehmen, dass die Erscheinung in Lourdes bereits bildhaften Charakter hatte. Nicht ganz so sinnfällig wie bei der Erscheinung in der Rue du Bac und später bei der in Pontmain rekurriert die Erscheinung in Lourdes auf die Medialität des Bildes, aber eben doch: Die Grottennische ist eine Rahmenform, die die Erscheinung wie heute die Statue gleich einem Bildrahmen einfasste. Signifikant ist daneben die Bestätigung des Glaubensgeheimnisses während der 16. Erscheinung: „Aquéro"/ Maria berichtete nicht von dem, was ihr Gnadenvolles geschehen sei („Ich wurde unbefleckt empfangen'), sondern nannte ihre Ikonographie („Ich bin die Unbefleckte Empfängnis"). Wie Kunsthistoriker die Ikonographie eines Bildes gerne zum Bildtitel machen, wählte sich „Aquéro"/ Maria „Immaculada Councepciou" zum Namen. Vergleichbar der Vision der Cathérine Labouré war somit auch mit der Vision des Hirtenmädchens in Lourdes eine Konkurrenz der Bilder eröffnet, in der die Erscheinungen im Verhältnis zu ihren Nachbildungen sich nicht nur in die Relation von Repräsentation und Repräsentiertem stellten, sondern auf einer Ebene von Bild zu Bild rivalisierten. Die von Künstlern hergestellten Bilder konnten gegenüber den himmlischen Bildern nur verlieren.

Bereits am 23. März 1858 wurde ein kleines Marienbild aus Gips in der Grotte von Massabielle aufgestellt – nicht in der Erscheinungsnische, sondern auf einem altarähnlichen Aufbau im Fond der Grotte. Zusammen mit anderen Devotionalien musste die Gipsfigur auf Anordnung des Präfekten hin Anfang April entfernt werden. Aufgrund der Unachtsamkeit des Polizeikommissars zerbrach die Figur dabei – übrigens auch dank göttlicher Fügung (?) die

Abb. 102 Fabisch, Joseph-Hugues, Die Unbefleckte Empfängnis, 1863–64, Lourdes, Grotte von Massabielle

Pfeife des Kommissars.[288] Erst Anfang April 1863 wurde wieder eine Gipsmadonna in die Grotte verbracht und jetzt auch in die Nische gestellt, in der die „Schöne Dame" Bernadette achtzehnmal, zwischen dem 11. Februar und dem 16. Juli 1858, erschienen war. Eine gestellte Fotografie zeigt Bernadette betend vor dieser Gipsfigur (Abb. 101).[289] Es war eine Madonna des Bouchardon-Typus bzw. entsprechend dem Bildtypus der „Wundertätigen Medaille". Um 1860 brachte Charles Mercereau eine Lithographie auf den Markt, die die erste Erscheinung vom 11. Februar 1858 visualisiert (Abb. 100). Die „Schöne Dame" tritt bei Mercereau in der Pose dieser Marienfigur auf.

Zwei frommen Damen aus Lyon erschien die billige Figur unwürdig. Sie stifteten eine neue Darstellung der Erscheinung und gewannen dafür den in Sachen religiöser Kunst renommierten Lyoner Bildhauer Joseph-Hugues Fabisch. Die persönliche Religiosität und die theologische Kompetenz des Künstlers spielte bei der Künstlerwahl der Schwestern Elfride und Sabine Lacour gewiss die Rolle, die sie bereits bei der Auftragsvergabe für die goldene Madonna von Fourvière gespielt hatte: Man dürfe ein bemerkenswertes Kunstwerk erwarten, da sie das Werk eines frommen und gebildeten Künstlers sei.[290] Der Kurzschluss von der persönlichen Frömmigkeit des Bildhauers zu seiner künstlerischen Kompetenz entsprach im übrigen weitgehendem Konsens in der Kunsttheorie des Renouveau catholique. Vorbild war der heiliggesprochene Malermönch Fra Angelico, der – so die Tradition – regelmäßig vor Inangriffnahme des künstlerischen Werks auf Knien zu beten pflegte.[291] Auch wenn für Fabisch anders als für seinen Kollegen und Konkurrenten Henri Bouriché nicht überliefert ist, seine Arbeit nach dem Vorbild Fra Angelicos begonnen zu haben, seine Frömmigkeit war unbestritten. Von seinem zutiefst frommen Gemüt, das ihn nie verlassen habe, sprach Arnould Locard in seiner Rede anlässlich der Beerdigung des Künstlers am 9. September 1886.[292]

Vorsichtsmaßnahmen schienen gleichwohl geboten, damit der fromme Künstlers auch ein wahres Bild schaffe. Ausdrücklich versahen die Schwestern Lacour ihre Stiftung der Marienstatue mit der Auflage, die Marmorfigur solle „so exakt wie irgend möglich, die Kleidung und die Pose der Maria Immaculata im Moment der Erscheinung wiedergeben."[293] Abbé Blanc, der die karitativen Leistungen der Stifterinnen organisierte, begleitete Fabisch auf der Fahrt nach Lourdes, um darauf zu achten, dass dieser der bei großen Künstlern nun einmal naheliegenden Gefahr, zu viel von sich selbst in das Bildwerk einzubringen, nicht nachgebe, sondern sich an eine getreue Reproduktion der Vision halte.[294] Vor der Begegnung mit der Seherin erstellte Fabisch einen minutiösen Fragebogen und legte ihn Bernadette vor. Abarbeiten musste Bernadette die Fragen des Bildhauers nach Körperhaltung, Neigung des Kopfes, Haltung der Hände beim Wort „Ich bin die Unbefleckte Empfängnis", Alter, Körperumfang und -größe, Länge, Anbringung, Stoffart, Faltenbildung, Farbigkeit des Schleiers und des Gürtels sowie nach Art der Rosen auf den Füßen der Jungfrau.[295] Nach Hinweisen Bernadettes hatte er Korrekturen noch am Marmor eingearbeitet.[296] Trotz alledem – Fabisch selbst war vom Ergebnis enttäuscht. 1878 hatte er sogar die Absicht, eine neue Version der seiner Ansicht nach aufgrund der Beleuchtungssituation in der Grotte im Wortsinne in ein falsches Licht gestellten Statue zu fertigen.[297] Die Reaktion des Klerus in Lourdes war hingegen sehr positiv: Für den Kanoniker Fourcade war die Statue „bewundernswert", die Pose der Jungfrau sei mit allergrößter Sorgfalt reproduziert worden.[298] „Es scheint uns, als sei sie (Maria) immer noch hier und dass wir sie sehen, so wie Bernadette sie gesehen hat", rief Abbé Alix der Menge bei der Einweihung der Statue zu. „Dieses Bild Unserer Lieben Frau von Lourdes lässt die Erscheinungen wieder lebendig werden".[299]

Anders als die „wahren Bilder" der Tradition, waren die neuen Bilder, die die Marienerscheinungen des französischen 19. Jahrhunderts hervorbrachten, überprüfbar. Die Visionäre konnten die Authentizität der Abbildung bestätigen oder nicht bestätigen. Bernadette hat sie ebensowenig bestätigt wie Catherine Labouré das Bild auf dem Avers der „Wundertätigen Medaille" oder Mélanie Calvat die Madonna Cariminis. Zwar signalisierte sie beim Auspacken der Kiste mit der vollendeten Statue im Pfarrhaus von Lourdes zuerst Zustimmung: „Ja, das ist es", doch wenig später dann die Enttäuschung: „Nein, das ist es nicht. Das ist nicht Sie! Eigentlich kann man es nicht machen, wie es war."[300] (Abb. 102, 104)

Bernadettes Zweifel daran, dass jemals ein Bild an ihre Vision heranreiche, konnte auch so gewendet werden, dass eine Vision, deren Schönheit alles im Vermögen selbst des genialen Künstlers stehende, übersteigt, notwendig authentisch sein müsse. So – das in die Einleitung gestellte Zitat darf wiederholt werden – fomulierte es bereits Pfarrer Peyramale in seinem Antwortbrief, nachdem ihm Fabisch die Fotografie eines Gipsmodells geschickt hatte: (Abb. 105) Er, Peyramale, habe die Himmelskönigin nicht sehen können, deshalb fände er Fabischs Modell vollkommen. Zu befürchten stehe aber, dass Bernadette die „Dame" nicht wiedererkennen werde.

„Seien Sie darüber nicht traurig. Das wird in keiner Weise eine Kritik an Ihrem Werk sein, sondern wird Ihnen einen neuen Beweis der Wahrheit der Erscheinung geben."[301]

Für den Jesuiten Léonard Joseph Marie Cros bewies bereits die Idealität der von Bernadette beschriebenen Figur, dass sie eine himmlische Schönheit gesehen haben müsse.[302] Anfangs glaubte Fabisch noch, der Aufgabe ganz gerecht werden zu können: Nachdem er eine der Größe der auszuführenden Statue entsprechende Skizze aus Karton ausgeschnitten, in der Grotte Bernadette nach ihrem Eindruck befragt und Korrekturen vorgenommen hatte, schien das Ziel nahe: „Ich sehe Deine Jungfrau. Ich werde sie Dir zeigen und wenn die Statue da sein wird, will ich, dass Du sagst: Das ist sie!"[303] Sie war es nicht. Das neue wahre Bild ist ein falsches Bild, bestätigt aber eben deshalb die übernatürliche Wahrheit.

Unbeflecktsein ist auch ein ästhetisches Kriterium. Auffällig, aber nicht überraschend ist deshalb, welche Bedeutung der Schönheit der „Immaculata" in der Bulle „Ineffabilis Deus" zugemessen wird:

„(A)ls die Unschuldige und Unschuldigste, die Makellose und gänzlich Makellose, die Heilige und die von aller Unreinheit der Sünde vollkommen Freie, die ganz Reine und ganz Unversehrte"

Abb. 103 Lourdes, Grotte von Massabielle mit aufgehängten Krücken

habe Maria den „Vätern" „als die Wesensgestalt sozusagen der Schönheit und Unschuld selbst" gegolten. „Sie nennen Maria schöner als die Heiligkeit".

„(V)on Natur aus schöner, vollendeter und heiliger ist (sie) als selbst die Cherubim und Seraphim und das ganze Heer der Engel, die zu preisen die Zungen des Himmels und der Erde keineswegs genügen."

In liturgischen Texten und Gebeten werde die „Gottesmutter (...) angerufen und gepriesen als die einzige, unversehrte Taube der Schönheit".[304] Auch deshalb, weil himmlische Schönheit notwendig in irdischen Produkten unerreichbar bleibt, musste Fabisch in den Augen Bernadettes scheitern, so wie die Firma Froc-Robert in den Augen von Catherine Labouré scheitern musste.

Die Moderne – gemeint sind hier der moderne kunstkritische Blick eines Baudelaire und auf der Produzentenseite Courbet und Manet – löste das ästhetisch Schöne von der Schönheit, die das Repräsentierte für sich beanspruchte. Wenn, worauf Max Liebermann bestand, eine gut gemalte Rübe ebenso gut sei wie eine gut gemalte Madonna, was impliziert, dass eine gut gemalte Rübe besser sei als eine weniger gut gemalte Madonna, dann garantiert die angemessene Darstellung der Schönheit Mariens nicht mehr notwendig ein „schönes" Kunstwerk. Der der Kunstpolitik der katholischen Kirche spätestens seit dem 2. Vatikanum zu Grunde liegende Schönheitsbegriff hat die konventionelle Konzeption eines Bildes, das deshalb schön genannt werden dürfe, weil das Dargestellte schön sei, verabschiedet. Es war dies die späte Konsequenz der „modernen" Abgrenzung der Schönheit des dargestellten Objekts vom ästhetisch Schönen und die rezeptionsgeschichtliche Bedingung der Möglichkeit der Differenzierung von Kitsch und Kunst. In das gespannte Verhältnis des Künstlers zum Visionär als dem tatsächlichen, vorgeblichen oder eingebildeten Augenzeugen war in diese moderne ästhetische Spannung zusätzlich ein am (vorgeblich) autonomen Künstlersubjekt festgemachter Kunstbegriff einbezogen.

Der Literat Joris Huysmans, der sich vom Inbegriff des dekadenten Autors zum katholischen Autor wandelte, thematisierte das Verhältnis von Vision und Kunstwerk von der Warte des avantgardistischen Ästheten aus: Er referierte das Zeugnis von Dr. Dozous, Bernadette habe den Anblick der Statue nicht ertragen.[305] Huysmans ertrug es auch nicht: Es sei ein fades Abbild eines Erstkommunionmädchens.[306] So sah er es in seinem letzten, dem Krebs abgerungenen Buch „Les foules de Lourdes" (1906). Und allgemein zur religiösen Imagerie in Lourdes: Maria habe Satan zwar überwunden, doch dieser habe sich gerächt, indem er sich der aktuellen religiösen Kunst bemächtigt habe, die Maria mit ihren blasphemischen Hässlichkeiten stets neue Beleidigungen zufüge.[307] Huysmans hatte ein sicheres Auge für künstlerische Qualität. Die Trivialität der Lourdes-Madonna war für ihn, der beispielsweise 1881 als erster die Genialität von Degas' „Kleiner Tänzerin" gewürdigt hatte,[308] offensichtlich.

Bereits in seinem Roman „Die Kathedrale" von 1898 hatte er in der Statue von Fabisch die Entsprechung zu den schlechten Marienfiguren auf den Altären von Dorfkirchen und zu den billigen Produktionen religiöser Kunst gesehen, wofür die Läden um die Kirche Saint-Sulpice in Paris seit dem 19. Jahrhundert das Synonym waren.[309]

Gleichwohl, Huysmans zweifelte damals noch nicht daran, dass diese Figur die treue Nachbildung der Beschreibung sei, die Bernadette gegeben habe, und er zweifelte nicht an der Wahrhaftigkeit der Visionen in der Grotte von Massabielle. Die Banalität der Skulptur erklärte Huysmans als göttliche Strategie, als Strategie, um den Armen, auch und vor allem den Armen im Geiste, nahe zu kommen.

„Die Jungfrau beobachtet soweit als möglich die Wesensart, das besondere Naturell der Person, die sie anredet. Sie bleibt im Rahmen ihrer jeweiligen Intelligenz, inkarniert sich in der einzigen materiellen Form, die dieses Wesen verstehen kann. (...) Es gibt kein Beispiel, daß die Schäferinnen, denen sie erschienen ist, sie anders beschrieben hätten als ‚eine schöne Dame', als eine Jungfrau, wie sie auf den Dorfaltären steht, als eine Madonna aus dem Viertel Saint-Sulpice, als eine Straßeneckenkönigin."[310]

Gegen Ende des Romans betonte Huysmans erneut, dass Maria unter den „faden Zügen einer süßlichen Schönheit" Bernadette in Lourdes und Mélanie in La Salette erschienen sei, aber eben, sie war Huysmans zufolge Bernadette und Mélanie so erschienen, weil die „süßliche Schönheit" die einzige gewesen sei, „die sie zu fassen vermochten".[311] Das war ein anderer Umgang mit dem falschen Bild. Das Falsche, jetzt das ästhetisch Abzulehnende war gnädige Herablassung. Huysmans' Konzept, zumindest war es noch das Konzept Durtals, Huysmans' alter ego in der „Kathedrale", gewesen, stellt die ästhetische Wahrheit hinten an. Kitsch stieg auf zu einer Weise der Manifestation des Himmlischen.[312] Auch hier gilt, nur anders: Das falsche Bild bestätigt die Echtheit der Vision.

Was das Diabolische solcher dem Kitschverdacht ausgesetzten Bilder anbelangt, eine durchaus ernst gemeinte Unterstellung, der sich später beispielsweise auch Alexander Cingria anschließen wird,[313] kann man in dieser Frage allerdings auch den Standpunkt Theresa von Avilas einnehmen, derzufolge ein böser Maler, ja Satan selbst, falls er ein gutes Bild geschaffen hätte, entgegen seiner Intention, uns schaden zu wollen, uns gleichwohl zum frommen Gebet anregen würde. Der Wert eines Bildes sei durch den moralischen Wert seines Erzeugers nicht beeinflusst.[314] Der späte Huysmans und Cingria müssten darauf entgegnen, dass der Teufel mit der akademischen religiösen Kunst und mit den Produkten der religiösen Kunstindustrie gerade keine guten Bilder geschaffen habe, doch damit kämen wir auf das heikle Terrain der ästhetischen Willensfreiheit des Teufels, das wir denn doch lieber nicht betreten wollen.

Mehr noch: Vielleicht hindert die schon vor Huysmans (wichtig in diesem Zusammenhang der mit Edouard Manet befreundete Abbé Hurel[315]) angeprangerte Kunstlosigkeit der Saint-Sulpice-Kunst nicht nur nicht am Gebet, vielleicht öffnet das falsche, weil unkünstlerische Bild sogar leichter den Weg zum dargestellten Heiligen, vielleicht öffnet nur es den Weg zum dargestellten Heiligen, während ‚gute' Kunstwerke diesen Weg blockieren. Anders als Fabischs Lourdes-Madonna und sehr viel anders als die ungezählten mehr oder weniger billigen Nachahmungen und Varianten, die von der Devotionalienindustrie des 19. und 20. Jahrhunderts produziert wurden,[316] sind beispielsweise die Matisse-Kapelle in Vence oder die Cocteau-Kapelle in Villefranche-sur-Mer anerkannte Meisterwerke der Moderne und Erfüllung dessen, was die Promotoren einer ästhetisch zulässigen modernen „Art sacré" mit ihrem „Appel aux grands" sich erwünscht hatten. Mit Berufung auf André Frossard machte Jean-Luc Marion darauf aufmerksam, dass – wie ja auch in meinem vorhergehenden Satz – der Verweis der Bilder zuerst und zunächst auf den großen Künstler geht. Vor einer „Jungfrau" von Raffael spreche man von Raffael, in der Kapelle im Dominikanerinnenkloster in Vence von Matisse, in der Chapelle Saint-Pierre in Villefranche-sur-Mer von Cocteau. Die Künstler und ihre berühmten Namen versperrten den Zugang zu dem, was ihre Bilder zeigen. Die „arte povera" des „Style Saint-Sulpice" demgegenüber, die den Künstler und die Kunst unsichtbar werden ließe, befreie von der „Tyrannei des Bildes" und führe von der Verehrung der Bilder weg hin zur Verehrung des „Originals". „(V)or einer ‚Jungfrau' im Saint-Sulpice-Stil erkennt man die ‚Jungfrau' selbst."[317] Frossards und Marions Einwand ist ernst zu nehmen: Er rechtfertigt die religiöse Kunstindustrie des 19. Jahrhunderts nicht ästhetisch, aber er rechtfertigt sie als religiöse Bilder und gibt dem frommen Gebet vor solchen Produkten ein Stück weit seine Würde zurück.

Man wird zugeben müssen, dass die stärkere Durchsichtigkeit ‚schlechter' Kunst auf den Gegenstand der Darstellung gleichermaßen für das pornographische Bild gilt. Am allgemeinen Befund ändert das nichts. Je mehr sich Bilder aus ihrem Status als selbstbezügliche (Kunst)Medien zurückziehen, desto mehr rückt das Abgebildete in den Vordergrund. Der Weg zum Gegenstand der Frömmigkeit wird kürzer; auch der zum Sexualobjekt.

II. Joseph-Hugues Fabischs ästhetische Theorie

Die Körpergröße, mit der Fabisch seine Statue ausgestattet hatte, missfiel Bernadette besonders.[318] Fabisch hatte Bernadettes Angaben gehorchend den Kopf seiner Statue so hoch in die Grottennische gesetzt, wie die Seherin das angegeben hatte; doch die Nische war nach unten zu vergrößert und der Wildrosenstrauß mit dem Erdhaufen unter den Füßen der Erscheinung war entfernt worden. René Laurentin schätzte, dass deshalb die Jungfrau von Fabisch zwischen 20 und 60 cm größer geriet als von Bernadette erinnert.[319] Doch es waren nicht die zufälligen Umstände, die für die Größe der Statue ausschlaggebend wurden. Die Größe von 1,75 m war Fabisch vertraglich vorgegeben worden.[320] Die Rechtfertigung für Auftraggeber und Künstler liegt auf der Hand: Im Hinblick auf die Fernwirkung durfte die Statue nicht zu klein sein, ein Argument, das gleichwohl mit dem Authentizitätsanspruch, den Bernadette an das Bild stellte, kollidierte.

In weitergehender Hinsicht inakzeptabel für die Augenzeugin war die Größe der Marmorfigur, die die Größe einer normal- bis großgewachsenen Frau ist, weil auch sonst das Aussehen das einer erwachsenen Frau war. Bernadette hatte dies durch ihren Augenzeugenbericht nicht legitimiert.[321] Ihr war die „Unbefleckte Empfängnis" als Kind mit der Größe und in dem Alter der Seherin erschienen. Bernadette zählte zum Zeitpunkt der Erscheinungen 14 Jahre, war aber klein gewachsen und wirkte jünger.[322] Noch im Alter von fast 20 Jahren machte sie auf den Bildhauer Fabisch den Eindruck eines Kindes von 12

Abb. 104 Fabisch, Joseph-Hugues, Lourdes-Madonna, 1863–64, Lourdes, Grotte von Massabielle
Abb. 105 Fabisch, Joseph-Hugues, Lourdes-Madonna, Modell 1863, alte Fotografie

Jahren.³²³ Dass die Jungfrau von Bernadette als kindlich erfahren wurde, deutete Ursula Bernauer psychoanalytisch als Konstruktion einer Doppelgängerin.³²⁴ Doch ihre Vision der „Schönen Dame" als Mädchen fügte Bernadette passgenau den ikonographischen Vorgaben ein – siehe unten.

Bernadette vermisste an der Statue des Bildhauers aus Lyon den Rosenkranz. Der Rosenkranz, der der Statue heute vom rechten Unterarm herunterhängt, ist ein realer, nur in der Farbe dem Marmorbildwerk angepasster Rosenkranz.³²⁵ Fabisch hatte seiner Madonna zudem ausgeprägt weibliche Formen gegeben und in Körperhaltung und Faltenwurf die starre Symmetrie vermieden. Auch das entsprach nicht der Erinnerung der Augenzeugin. Sie hatte den vertikalen Fall des Schleiers in Erinnerung. Gerade seien auch der Kopf und die Hände – die enger gefaltet sein müssten – ausgerichtet gewesen.³²⁶ Außerdem: Die Statue lächele zu wenig; der Hals sei zu langgezogen und zu verdreht, und nur die Augen der Jungfrau hätten nach oben geblickt – der Kopf sei nicht angehoben gewesen. Fabisch habe Maria einen Kropf gemacht.³²⁷

Bernadette Soubirous hatte die Marmorstatue von Fabisch kritisiert, und ihre Kritik war detailliert gewesen. Zwar hatte Fabisch Korrekturen vorgenommen, doch auffällig ist bereits, dass die Veränderungen, die Fabisch nach Bernadettes Kritik des kleineren Gipsmodells, dessen Fotografie Fabisch ihr zukommen ließ, an der definitiven Fassung vornahm, die Darstellung eher weiter von dem wegführten, was Bernadette gesehen und vom Künstler erwünscht hatte. Die Figur aus Carrara-Marmor ist gegenüber dem Gipsmodell, soweit es die erhaltene Fotografie zu beurteilen erlaubt, weiter gealtert, und sie ist sogar um eine Spur fülliger geworden.³²⁸

Die Abweichungen vom Augenzeugenbericht in der ausgeführten Statue schrieb René Laurentin der akademischen Ausbildung des Künstlers zu.³²⁹ Dagegen ist nichts einzuwenden, doch zusätzlich einzurechnen sind zunächst die Konventionen, denen sich Fabisch verpflichtet fühlte. Das oben schon zitierte Lob, das Michel Bellet 1864 Fabischs Statue spendete, die Information der Augenzeugin mit den Anforderungen der Bildtradition der christlichen Kunst und mit der Wissenschaft (der Kunst) synthetisiert zu haben,³³⁰ deutet im Lob das Problem des Künstlers an. Der Widerspruch zwischen dem Bild, das die Augenzeugin bekundete, und dem der ikonographischen Tradition angemessenen Bild, war in Lourdes zwar anders als in La Salette nicht gegeben. Fabisch zeigte sich nach der ersten Unterredung mit Bernadette am 17. September 1863 beruhigt, dass er in diesem Fall nicht wie in La Salette mit der „Exzentrizität der Kleidung" konfrontiert sei.³³¹ Doch die Wahrheit der Kunst und die Wahrheit der Erscheinung kamen auch in Lourdes nicht zur Deckung. Insbesondere das Alter und die Körpergröße der von Bernadette gesehenen „Schönen Dame" war mit Fabischs Vorstellung einer „Schönen Dame" nicht kompatibel: Fabisch wird es als unziemlich empfunden haben, Maria als 14-jähriges Kind abzubilden. Sein Widerstand ist in diesem Fall besonders bemerkenswert. Er richtete sich nicht allein gegen das Zeugnis Bernadettes. Es gab auch eine ikonographische Tradition insbesondere im Œuvre Murillos, in der die „Immaculata" Kind ist; es gab die ikonographische Empfehlung des im 17. Jahrhundert führenden spanischen Kunsttheoretikers Pacheco; schließlich wurden in den Jahren vor Fabischs Arbeit an der Marienfigur der Grotte ikonographische und theologische Argumente für die kindhafte Immaculata publiziert. Von all dem wird in einem späteren Abschnitt die Rede sein. Fabisch konnte in diesem Fall also nicht das ikonographisch, theologisch Geziemende gegen die Augenzeugin in Stellung bringen, sondern entschied sich für das im 19. Jahrhundert Darstellungsübliche und für ein Ideal weiblicher Schönheit, das nun einmal – Augenzeugenbericht und Theologie hin oder her – von einer 14-jährigen nicht einzulösen war. Der Künstler Fabisch hatte andere Vorstellungen von einer „Schönen Dame".

Damit stand er nicht allein. Deutliches Indiz dafür ist eine Bemerkung Léon Moynets, des Gründers und Leiters der im 19. Jahrhundert erfolgreichsten und produktiven Manufaktur für religiöse Plastik in Vendeuvre-sur-Barse. In seinem Angebot am Madonnentypen, das er im firmeneigenen Schauraum seinen Kunden präsentierte und für das er mit einem Katalog warb, war auch „Notre-Dame de Lourdes" vertreten. Vergleichsweise spät allerdings erst produzierte Moynet diesen Marienbildtypus. Grund war der anfängliche Zweifel daran, ob sich ein solches Objekt überhaupt vermarkten ließe. Er kenne, so bekannte er am 18. Dezember 1869, das Marienbild von Lourdes nicht. Wenig später verfügte er über mehr Informationen:

„Die Jungfrau ist dargestellt als junges Mädchen im Alter von ungefähr 12 Jahren, das sich auf die Erste Kommunion vorbereitet. Mir wird es unmöglich sein, ein solches Modell auszuführen, in Anbetracht der Tatsache, dass es keinen Erfolg haben und sich nicht verkaufen wird."[332]

Léon Moynet war zu diesem Zeitpunkt noch falsch unterrichtet. Er wird von der Beschreibung Bernadettes gewusst und von da auf das Aussehen der Statue von Fabisch geschlossen haben. Fabischs „Unbefleckte Empfängnis" in der Grotte von Massabielle ist kein 12-jähriges Mädchen. Fabisch dürfte ähnliche Vorbehalte gehegt haben wie der Besitzer der „Sainterie".

Nicht vereinbar mit Bernadettes Augenzeugenbericht, ja überhaupt mit der Anforderung, einen Augenzeugenbericht zu reproduzieren, war schließlich Fabischs Kunstbegriff im Allgemeinen und sein Begriff von christlicher Kunst im Besonderen. Fabisch verfügte über eine ästhetische Theorie, die keineswegs banal und keineswegs hausgemacht war, eine ästhetische Theorie, die gerade weil sie die platonische Trias des Wahren, Schönen und Guten beschwor, im Wahren, Schönen und Guten jeweils die je andere Manifestation Gottes begriff, daran hinderte „Phantombilder" zu schaffen, und seien es auch „Phantombilder", die kirchlich beglaubigte Visionen im Bild feststellten.

Die angesprochene Trias des Wahren, Schönen und Guten steht im Titel eines der einflussreichsten philosophischen Texte des französischen 19. Jahrhunderts Victor Cousin hatte ab 1816 Vorlesungen in der Pariser „École normale" gehalten. Inbesondere seine Vorlesung des Jahres 1818 über das „Wahre, Schöne und Gute" wurde zum gesellschaftlichen Ereignis. „Es gab einen Zulauf wie in der Oper." (Taine)[333] Auch der junge Eugène Delacroix saß 1818 im Auditorium, und sein ästhetiktheoretischer Ansatz blieb in wichtigen Teilen dem Cousins verpflichtet.[334] Die berühmte Vorlesung von 1818 erschien 1836 als Buch, das dann 1853 in einer zweiten überarbeiteten Auflage vorlag.[335] Die von Cousin konzipierte und popularisierte Ästhetik hatte nicht allein für Delacroix' Denken und Kunst Bedeutung, sie legte die Grundlage für eine idealistische Ästhetik, die sich insbesondere die Künstler und Theoretiker einer katholischen Kunst im Frankreich des 19. Jahrhunderts zu eigen machten.[336] Zum ästhetiktheoretischen Konzept von Joseph-Hugues Fabisch sind die Bezüge besonders eng.

Cousin differenzierte das „reale Schöne" („beau réelle") von der überindividuellen „idealen Schönheit" („beauté idéale"). Letzthin gründet die „ideale Schönheit" in Gott und fällt in dieser auch ästhetisch obersten und letzten Instanz mit dem Ideal des absolut Wahren und des absolut Guten in Eins zusammen. Deshalb definiert sich das „reale Schöne" als Abglanz des Wahren und Guten, und ist grundsätzlich, unabhängig vom im Kunstwerk Dargestellten, auf Gott ausgerichtet.[337]

1860, drei Jahre bevor man ihm die Figur für die Grotte von Massabielle anvertraute, sprach Fabisch anlässlich seiner Aufnahme in die Lyoner „Académie impériale des sciences, belles-lettres et arts" über die „Würde der Kunst" („De la dignité de l'art"). Schroff lehnte er in seinem Vortrag den „Realismus" ab (Courbet wurde ausdrücklich zum Negativbeispiel erklärt[338]). Wäre „Realismus" das Hauptanliegen eines Künstlers, hätten ihn (als Maler) die Fotografie und (als Bildhauer) der Naturabguss bereits ersetzt.[339] Der „Realismus" werde dem menschlichen Bedürfnis nicht gerecht, sowohl in moralischer als auch in ästhetischer Hinsicht nach mehr, nach Vollkommenerem als dem, was uns alltäglich umgebe, zu streben.[340] Die „spiritualistische" Ästhetik, wie sie Fabisch in Abhängigkeit von Victor Cousin vertrat, war Gemeingut, wenn von katholischer Seite über angemessene religiöse Kunst nachgedacht wurde, und bereits lange bevor Courbets „Realismus" für Aufsehen sorgte, war die „Idolatrie der Natur", die die christliche Kunst korrumpiert habe, gegeißelt worden.[341] „Das Ideal ist die Vollkommenheit der Kunst", verkündete beispielsweise der Apostolische Protonotar Justin Fèvre 1864 auf dem „Congrès scientifique de France".

„Angesichts der Herrlichkeiten der Natur etwas noch Strahlenderes zu träumen, angesichts der großen Seelenregungen noch etwas Größeres zu träumen (...), das ist die offensichtliche und mühselige Bestimmung der Kunst. Der fromme Künstler vernimmt also eine innere Stimme, die im zuruft: ‚Sursum corda!'"[342]

Nicht weil es irgend etwas Originelles zu der im Wesentlichen von Victor Cousin ausformulierten Ästhetik hinzufügt, zitiere ich diese Stellungnahme des Apostolischen Protonotars, sondern des Zusammenhangs wegen, in dem Fèvre darauf zurückkam: In seinem Buch über Léon Moynet, den schon erwähnten Gründer und Leiter der Fabrik für religiöse Plastik in Vendeuvre-sur-Barse, und dessen idealistischem Anspruch. Es war nicht zufällig, dass Huysmans' Verurteilung der industriellen Massenfabrikation religiöser Kunst einen Künstler wie Fabisch ohne weiteres einschloss. Die Industrialisierung einer der „spiritualistischen Ästhetik" verpflichteten Kunst diskreditierte im Gegenzug die „spiritualistische Ästhetik".

Nachzutragen bleibt die von Victor Cousin formulierte und von Fabisch adaptierte Begründung, weshalb der Künstler befähigt sei, sein Werk am Ideal, und das heißt im Letzten, am Zusammenfall des Wahren, Schönen und Guten in Gott auszurichten. Cousin referierte zunächst auf die traditionelle Auswahlästhetik. Da kein Individuum alle Schönheiten in sich vereine, müsse der Künstler sich von einem Modell den schönen Mund, von einem anderen Modell das schöne Auge usw. nehmen und die zusammengesammelten Schönheiten in seinem Werk synthetisieren. Doch dieses Verfahren bedürfe einer Regel, wenn die Montage von schönen Details nicht ein Monstrum erzeugen solle.[343] Das Regulativ ist die Idee des Wahren, Schönen und Guten, in der sich Gott manifestiert und an der der Künstler im platonischen Sinne teil hat.[344] Insofern der Künstler sein Werk auf die Idee des Wahren, Schönen und Guten hin ausrichtet, schafft er nicht allein ein Kunstwerk, er schafft „unabhängig von jeder künstlichen Bindung an Religion und Moral" ein Werk, „das für sich wesentlich moralisch und religiös ist".[345] Obwohl Kunst für sich weder christlich noch heidnisch sei, sei sie „Unterstützerin der Religion", hatte Jean Sagette 1853 verkündet, auch er mit der spiritualistischen Begründung des Aufstiegs zum Ideal.[346]

In diesem Sinne leitete auch Fabisch daraus die Aufgabe des Künstlers ab, „Unterstützer des Priesters" zu sein.[347] Das die Unvollkommenheit der Wirklichkeit transzendierende Ideal sei in der Seele des Menschen verankert. In Hinblick darauf könne der Künstler intellektuell aufsteigen zum „Verständnis der ewigen und unveränderlichen Attribute der Gottheit".[348] Bereits 1837 in einem Professor Sézil gewidmetem Lehrgedicht hatte Fabisch Raffael als vollkommenen Künstler gerühmt. Der Flügel des Gebets habe Raffael hinaus zum Thron Gottes getragen, und beim Abstieg habe er der Erde das Bild Mariens und ihres göttlichen Sohnes gezeigt.[349]

So betrachtet ist der wirkliche Künstler notwendig der Rivale des Visionärs. Das in Hinblick auf das Ideal geschaffene Werk steht notwendig höher als die einfache Nachahmung.[350] Auch höher als die Nachahmung von Bernadettes Vision? Es gelang Fabisch nicht, den ästhetiktheoretischen Konflikt aufzulösen. Zumindest ließ sein Ideal die unmittelbare Übernahme des Augenzeugenberichts nicht zu. Bernadette und Courbet dürften für Fabisch näher beieinander gewesen sein, als es die herkömmliche kunstgeschichtliche Erzählung erwarten lässt.

III. Bernadette Soubirous als Bild

Es kann kein authentisches Bild der Erscheinungen in der Grotte von Massabielle geben, da die übernatürliche Schönheit notwendig das künstlerisch und das heißt das menschlich Mögliche übersteigt. Oder doch?

Die Visonen der Cathérine Labouré waren einsame Visionen gewesen. In Lourdes dagegen wohnten der 5. Erscheinung am 20. Februar 1858 ungefähr 100 Zuschauer bei; schließlich stieg die Zahl derer auf einige Tausend, die Zeugen der Visionen wurden. Wohingegen Bernadette die „Schöne Dame" sah, sahen alle anderen Bernadette. Die asymmetrische Wahrnehmung verschob die Bildbewertung und die Bildwirkung. Bernadette Soubirous wurde zum Bild der Erscheinung, und von den Bildern, die nach der Erscheinung in der Grotte skulpiert, geschnitzt oder gegossen wurden, hat keines die Konkurrenz

Abb. 106 Billard-Perrin, Bernadette Soubirous, Fotografie
Abb. 107 Bernadette Soubirous, Fotografie

mit dem von der Seherin verkörperten Bild bestanden: Als Père Sempé den Anwalt Dufo fragte, weshalb er denn so überzeugt von der Wahrheit der Erscheinungen sei, verwies dieser auf Bernadette als ‚lebendes Bild':

„Hätten Sie gleich mir gesehen, wie Bernadette das Kreuzzeichen schlägt, würden auch Sie glauben. Nur im Himmel kann man sich so bekreuzigen."[351]

Nicht immer fiel ihr die Nachahmung leicht: Auf die Bitte Abbé Corbins am 5. Oktober 1862, sich zumindest ungefähr so zu bekreuzigen, wie das die Jungfrau getan hatte, antwortete Bernadette, selbst das Ungefähr übersteige ihre Kräfte.[352] Anlässlich seiner Befragung erkundigte sich Corbin nach der Haltung der Jungfrau, als sie sich als die „Unbefleckte Empfängnis" zu erkennen gegeben habe; diesmal gab es keine Hemmnisse: Bernadette erhob sich und breitete gleich dem Bild der „Wundertätigen Medaille" die Arme aus. Anschließend hob sie die Hände und faltete sie vor ihrer Brust: „So hat sie es gemacht."[353] Abbé Junqua zufolge „ahmte Bernadette" bei seinem Besuch „vollkommen die Haltung der Jungfrau auf der wundertätig genannten Medaille nach."[354] Ein anonymer Abbé fragte Bernadette im Kloster von Nevers, ob die von Fabisch gewählte Geste des Händefaltens diejenige gewesen sei, in der die Jungfrau ihr erschienen sei. Bernadette bestätigte dies und korrigierte Fabisch zugleich, in dem sie die Geste der Erscheinung wiederholte. „Es schien uns als ob wir eine lebendige Kopie der Himmelskönigin sehen könnten, so wie sie im Felsen von Massabielle erschienen ist."[355]

Joseph-Hugues Fabisch war nach Lourdes gereist, nachdem man ihn mit der Herstellung der Marienfigur für die Grotte beauftragt hatte. Er, dem anfänglich noch die Gewöhnlichkeit der Physiognomie Bernadettes auffiel, war tief bewegt, als Bernadette auf seine Frage hin, welche Haltung die Erscheinung einnahm, als sie sich als „Unbefleckte Empfängnis" zu erkennen gab, aufstand, die Hände faltete, dann nach unten streckte, sie wieder hob und erneut faltete. Bei dieser in lebende Bilder übersetzten Erinnerung habe ihn ein „elektrischer Schlag" getroffen.[356] In diesem Augenblick waren, wie Fabisch seiner Gattin in einem Brief gestand, alle Mariendarstellungen der größten Meister der Kunstgeschichte in den Schatten gestellt. Weder Fra Angelico noch Perugino und Raffael hätten ein vergleichbares Bild geschaffen.[357] Es hätte Fabisch bewusst sein können, dass auch er kein vergleichbares Bild wird schaffen können. Erstaunlich ist, dass von den zahlreichen Fotografien,[358] die von dieser ersten zu Lebzeiten fotografierten Heiligen[359] aufgenommen wurden, soweit ich sehe, keine die berühmten Posen – das Sich-Bekreuzigen, die Pose der „Wundertätigen Medaille", das Falten der Hände im Augenblick der Offenbarung als „Unbefleckte Empfängnis" – zeigt (Abb. 106, 107). Bescheidenheit der Seherin? Sorge vor der Profanierung der Posen bei ihrer Erstarrung in einem Bildmedium?

Doch auch unabhängig von den imitierten Posen bildete sich die Vision in der Seherin selbst ab: Es bedürfte der Pinsel Michelangelos oder Raffaels, um Bernadettes Züge wiederzugeben, meinte Abbé Boyer nach seinem Besuch Ende Juli 1865. Fraglos habe die Jungfrau dem Gesicht Bernadettes das Geheimnis der Erscheinung aufgeprägt.[360] Als der Comte de Bruissard Bernadette bat, für ihn, den Atheisten, das Lächeln der Erscheinung nachzuahmen, willigte diese ein, deshalb, weil er bekannt hatte, ihrer Erscheinung keinen Glauben schenken zu können.

„Das Kind erhob sich sehr langsam, faltete die Hände und deutete ein Lächeln an, wie ich es niemals auf irdischen Lippen gesehen habe. (...) Sie lächelte erneut mit zum Himmel gewandten Augen. Unbeweglich verharrte ich vor ihr, überzeugt, das Lächeln der Jungfrau auf dem Gesicht der Visionärin gesehen zu haben."[361]

Arthur Schott fasste zusammen: Es sei eben die Bestimmung Bernadettes gewesen, „sich immer mehr zu einem Ebenbild der hl. Jungfrau zu gestalten".³⁶² Abbé Lafitte zufolge hatte Bernadette dieses Ziel auch explizit gemacht: „Sie sagte (…), dass sie ihre Mühe einzig darauf verwende, das wunderbare Vorbild, das sie vor Augen hatte, zu kopieren."³⁶³ Seherin und Geschautes durchdrangen sich. Bernadette Soubirous wurde im weitergehenden Sinne Abbild ihrer Erscheinung.

Joseph-Hugues Fabisch nahm das als Bestätigung seiner ästhetischen Theorie.

„Immer habe ich geglaubt, dass das Schöne in der bildenden Kunst der Widerschein des moralisch Schönen auf einer menschlichen Gestalt sei. Seit ich Bernadette gesehen habe, ist für mich diese Meinung zu einem Dogma geworden".³⁶⁴

Die „Immaculata" habe sich Bernadette Soubirous' Gesicht „aufgeprägt", so Abbé Boyer, wie eben zitiert. Bereits einmal entstand ein Bild der „Unbefleckten Empfängnis" auf dem Weg der ‚Aufprägung'. Glaubt man der frommen Legende, hat die Jungfrau Maria 1531 ihr Bild in den Mantel des Indios Juan Diego geprägt.³⁶⁵ Die „Virgen de Guadalupe" – das Bild, in dem die Muttergottes der spanischen Eroberer, Unterdrücker, Folterer, Vergewaltiger als indigene Frau oder als Mestizin erscheint, derart zur Repräsentantin und Beschützerin Mexikos geworden war, Beschützerin auch gegen die Gewalttaten der Eroberer – hat entscheidend dazu beigetragen, dass Lateinamerika der „katholische Kontinent" wurde.³⁶⁶ Wie ähnlich und wie different verhält sich die „Virgen de Guadalupe" zu der

Abb. 108 Raffl, Ignaz, Vierge couronnée, 1876 oder später, Lourdes, Esplanade

in Bernadette sich abbildenden „Immaculata"? In Mexiko prägt die Jungfrau ihr Bild einem Mantel ein, in Lourdes einem Kind. Semiotisch ist die Differenz schwer zu formulieren. Insofern beide Male (in der Terminologie von Peirce) der Verweis sowohl ikonisch wie indexikalisch ist, rücken das Repräsentierte und das Repräsentierende nah aneinander. Bildgeschichtlich und frömmigkeitsgeschichtlich differieren beide ‚Aufprägungen' des heiligen Bildes dagegen fundamental – das lebende Bild ist an die Stelle des Acheiropoietons getreten.

IV. Die gekrönten Statuen in Lourdes

Die Marienfigur des Joseph-Hugues Fabisch steht an einer der heiligsten Stätten des modernen Christentums. Wenige Bilder erfuhren und erfahren so viel Aufmerksamkeit. Das „Journal de la Grotte" hatte fraglos Recht, als es 1886 die (rhetorische) Frage stellte, ob es irgend eine Madonna Raffaels oder Fra Angelicos gebe, vor der man so gebetet habe, wie man vor der Jungfrau von Fabisch bete.[367] Sicher wird man die Marmorfigur in der Nische der Grotte von Massabielle ein einflussreiches Bild nennen müssen. Andererseit hatte sich gerade dieses Marienbild von Fabisch als bemerkenswert machtloses Bild erwiesen. Nicht nur Grade an Mächtigkeit sind einzurechnen, wenn von der Macht der Bilder die Rede ist, sondern Modalitäten. Von Beginn an stand die Statue von Fabisch hinter diesem in der Person Bernadettes inkarnierten Bild der Erscheinung zurück. Und nicht Fabischs Statue, son-

Abb. 109 Bonnet, Guillaume, Marienfigur für den Hochaltar der Basilika von Lourdes, Entwurf, 1873 oder früher

Abb. 110 Cabuchet, Émilien, Marienfigur für den Hochaltar der Oberen Basilika von Lourdes, 1876, Reproduktion in Schott, 1886, n. S. 472
Abb. 111 Cabuchet, Émilien, Marienfigur für den Hochaltar der Oberen Basilika von Lourdes, 1876

Abb. 112 Anonym, Lourdes-Madonna bei den „piscines"

dern die von Bernadette bei der neunten Erscheinung am 24. Februar 1858 freigelegte Quelle bewirkt die Wunder. Zudem verteilte sich die Bildfrömmigkeit in Lourdes auf mehrere Marienstatuen: Auf dem Vorplatz vor der oberen Basilika steht hochgesockelt eine Madonna der von Ignaz Raffl geleiteten „Maison Raffl", einer überaus produktiven Pariser Manufaktur für religiöse Plastik, die paradigmatisch für das steht, was mit gleichbleibender Verachtung als „style Saint-Sulpicien" bezeichnet wird (Abb. 108).[368] Die Figur der „Maison Raffl" wird von den Pilgern als „gekrönte Jungfrau" verehrt, ohne dieser Ehre teilhaftig geworden zu sein. Sie erinnert seit 1877 nur an die Krönung, die im Vorjahr, am 3. Juli 1876, vorgenommen worden war.[369]

Der Wunsch Pius IX., die „Schöne Dame" von Lourdes mit der päpstlichen Krönung zu ehren, war höchst ehrenvoll und stellte Lourdes zugleich vor große Probleme. Welche Statue sollte gekrönt werden? Guillaume Bonnet, der schon für La Salette eine Figurengruppe hätte liefern sollen, ein Projekt, das sich, wie oben ausgeführt, zerschlug, war auch für den Hochaltar der Basilika von Lourdes der Wunschkandidat. Nachdem er für den Altar an den Reliefs gearbeitet hatte, nahm er das Projekt einer Marienfigur für den Altar in Angriff. Mme Vigan, die Bonnet bereits für die Figurengruppe für La Salette empfohlen hatte,[370] war auch in Lourdes die treibende Kraft gewesen. Für den von ihr gestifteten Altar[371] erwartete sie von ‚ihrem' Bildhauer ein Meisterwerk, eines, das die Statue in der Grotte von Massabielle in den Schatten stellen sollte: „Ich sage nicht, dass Sie M. Fabisch übertreffen werden, das wäre allzu einfach, sondern dass Sie sich selbst übertreffen werden".[372]

Finanzielle Schwierigkeiten, schließlich, am 26. April 1873, der Tod des Künstlers, vereitelten die Ausführung. Eine Fotografie, aufgenommen im Atelier Bonnets nach dessen Tod zeigt den bereits weitgediehenen Entwurf für die Statue (Abb. 109). Den Erinnerungen Bernadette Soubirous' wird auch diese Version nicht entsprochen haben, doch einige ihrer Einlassungen gegen Fabischs Statue scheinen von Bonnet berücksichtigt worden zu sein. Seine Marienfigur ist schlanker; die gefalteten Hände sind gerade ausgerichtet und schließen eng aneinander an.

Émilien Cabuchet, der sich mit seiner Skulptur des knienden Jean-Marie Baptiste Vianney in dessen Pfarrkirche in Ars den Ruf des Schöpfers des einzig „authentischen" Porträts des schon zu Lebzeiten Heiligen erworben hatte, erhielt nach dem Tod Bonnets den Auftrag für das offizielle Bild von Notre-Dame de Lourdes für den Hochaltar der Basilika. Cabuchet blieb mit seiner Jungfrau nahe an dem, was Fabisch in der Grotte vorgegeben hatte (Abb. 110, 111). Hauptsächlich im Faltenwurf unterscheiden sich die beiden Figuren. So wie Cabuchet den Schleier fallen ließ, entfernte er sich noch stärker von Bernadettes Zeugnis einer Betonung der Vertikalen. Zum vom Vatikan festgesetzten Termin der Statuenkrönung konnte Cabuchet seine Marmorstatue nicht vollenden.[373] In Erwartung seines nahen Todes hatte der „Immaculata-Papst" den Krönungstermin sehr früh, für Cabuchet, für Lourdes zu früh angesetzt. Zu diesem Zeitpunkt hatte Cabuchet nur das Gipsmodell anzubieten.

Eher ein Provisorium dürfte auch die Statue des Marianerpaters Nicolas-Justin Pibou aus Garaison gewesen sein. Sie war es, die zuerst am 3. Juli 1876, einen Tag nach der Einweihung der zur Basilika erhobenen Wallfahrtskirche, von dem päpstlichen Nuntius Erzbischof Meglia gekrönt worden war.[374] Der Zeremonie wohnten 100.000 Gläubige bei, eine ungeheurere Menge angesichts der Tatsache, das das so hoch geehrte Bild kurz

Abb. 113 Ballinspittle, Lourdes-Grotte

danach aus dem Netzwerk der Verehrungspraktiken in Lourdes ausgeklammert und durch die Madonna Ignaz Raffls ersetzt wurde. Pibous Madonna wurde nach der Krönung entfernt, um in der noch zu errichtenden Rosenkranz-Kirche aufgestellt zu werden.[375] Später geriet sie in die Wohnanlage der Kapläne. Bernadette Soubirous hat diese Statue im Übrigen nie autorisiert; sie hat sich eher darüber lustig gemacht.[376] Wenn Mitchell, wie eingangs zitiert, anmahnte, auch die „Machtlosigkeit" der Bilder, die „Ohnmacht, ihren Jammer"[377] zu beschreiben, dann ist die Statue des Paters Pibou ein sehr einschlägiges Beispiel.

Sehr ungewöhnlich, und nur durch die Verehrung Pius IX. für die Erscheinungen in Lourdes erklärbar, ist die doppelte Statuenkrönung in Lourdes.[378] Im Breve des Bischofs von Tarbes war nur von einer Statue die Rede,[379] und als die „Annales de Notre-Dame de Lourdes" das Krönungsprogramm im Mai 1876 ankündigten, schrieben sie ebenfalls nur von einer zu krönenden Marienfigur.[380] Die Entscheidung für eine Doppelkrönung muss sehr kurzfristig getroffen worden sein. Am 3. Juli 1876 zog die gewaltige Prozession nach der Krönung der Marienfigur des Paters Pibou auf der Esplanade vor der Basilika weiter zur Grotte von Massabielle. Die zumindest mit dem Anspruch, ein authentisches Bild der Visionen der Bernadette zu sein, geschaffene Marienfigur von Fabisch wurde bei dieser Zeremonie nicht geehrt. Die Prozession zog weiter zur Basilika, zog in der Zahl der Teilnehmer erheblich reduziert in die Basilika ein, wo nun auch das Gipsmodell von Cabuchet für die Statue des Hochaltars gekrönt wurde. Wie in La Salette erfuhr somit das Surrogat die Ehrung. Es sind dies Indizien dafür, dass keines dieser Marienbilder auch entfernt nur in die Nähe der „Existenzweise" (Latour) kommen konnte, wo Bilder als materiell fundierte Dinge wirken und fordern können. Bezeichnend dafür ist schon, dass der sozusagen offizielle Bericht der „Annales de Notre-Dame der Lourdes" über die Weihe der Basilika und die Krönung der beiden Statuen, diese Ehrung grundsätzlich auf die Erscheinung, nicht auf die gekrönten Repräsentationen der Erscheinung bezieht. Gekrönt wird im Text immer „Notre-Dame de Lourdes", die „Vierge Immaculée" oder „Notre-Dame de la Grotte" (ohne Bezug zur Statue von Fabisch).[381] Nur stellvertretend nehmen die Statuen die Ehrung entgegen, die dem Repräsentierten zugedacht ist. Und selbstredend nennt der Bericht der „Annales de Notre-Dame der Lourdes" keine Künstlernamen.

So konnte es kommen, dass die in der Chronologie der Repräsentionen der Erscheinung sehr nachgeordnete Statue auf der „Esplanade" die vermutlich größte Wirkung ausübte. Sie, deren Gesichtsausdruck Joris-Karl Huysmans zufolge dem einer aus der Anstalt entwichenen Dementen gliche,[382] gilt – zu Unrecht – als „Vierge couronnée", und mehr noch als die Statue von Fabisch in der Grotte wurde sie tausendfach wiederholt, um in miniaturisierten Lourdes-Grotten und in Lourdes-Kapellen aufgestellt zu werden. Es gab und gibt weitere Lourdes-Madonnen, die den Anspruch der Statue von Fabisch, das authentische Bild der Erscheinung zu sein, relativierten: Beispielsweise die von der Pariser Rabbinertochter Myriam Franck 1877 gestiftete und geschaffene Statue der sich bekreuzigenden Maria als Dank für die Konversion ihres Vaters.[383] Nahe den „Bädern" wurde eine die Hände faltende Lourdes-Madonna aufgestellt (Abb. 112). Zudem hatte sich Fabisch selbst Konkurrenz gemacht: Gestiftet von Adrien du Sordet, der sich bereits als Stifter für die Statue der Grotte angeboten hatte (den Schwestern Lacour aber den Vortritt lassen musste) kam 1866 eine von Fabisch geschaffene Maria mit Kind auf den Hauptaltar der Krypta. Thematisiert ist nicht die „Unbefleckte Empfängnis", sondern die Gottesmutter mit dem Kind.[384]

Lourdes hat für seine heiligen Stätten keine wundertätigen heiligen Bilder hervorgebracht. Genauer zu untersuchen blieben die Fälle, in denen – vergleichbar dem Vorgang im libanesischen Béchouate – Nachbilder von Fabischs Madonna in der Grotte bzw. der so genannten „Vierge couronnée" auf der Esplanade mächtiger wurden als das Vorbild. In sehr großer Zahl wurden in Frankreich und außerhalb Frankreichs Lourdes-Grotten gebaut und mit einer meist verkleinerten Gipsnachbildung der Statue von Lourdes bestückt (allein im kleinen Saarland entstanden ca. 110 Anlagen dieser Art[385]). Das Fehlen konkurrierender Lourdes-Madonnen und das Fehlen der nichtreproduzierbaren wundertätigen Quelle konnte dazu beitragen, dass einige Nachbildungen ihre Aktivität steigerten:

1985 und nochmals ein Jahrzehnt später sah man die Lourdes-Madonna im irischen Ballinspittle in ihrer Grotte vor- und zurückschweben (Abb. 113). Anfang Februar 2000 soll die Lourdes-Madonna in der Lourdes-Grotte von San Diego de Alcalá in Valenzuela (Philippinen) ihre Hände und Füsse bewegt und sich seitlich gedreht haben. (Gesundheitsfördernd ist allerdings auch in Valenzuela das unter der Figur fließende Wasser.) Seit 1996 weint die Lourdes-Madonna eines Karmeliterklosters in Trinidad blutige Tränen.[386] Einige Reproduktionen von Fabischs Statue in der Grotte von Massabielle transmutierten also zu „objets-personnes".

V. Das Marienbild der „Wundertätigen Medaille" in Lourdes

Bei der ersten Befragung, der Bernadette unterzogen wurde, beschrieb sie die Erscheinung:

„Aquéro hatte nicht ganz meine Größe (...) Sie trug einen weißen Schleier, der bis zu ihren Füßen herabreichte. Auf jedem der Füße sah ich eine gelbe Rose. Ihre etwas ausgebreiteten Hände hielten einen Rosenkranz. Sie war jung. Im Gesicht und mit ihren Kleidern glich sie vollkommen einer Heiligen Jungfrau, die auf einem der Altäre der Kirche von Lourdes steht und zu deren Füßen ich gewöhnlich bete. Aber sie war von Licht umgeben und war lebendig."[387]

Die von Bernadette erwähnte Holzfigur der alten Pfarrkirche von Lourdes entspricht dem Typus der „Madonna della Misericordia" im Allgemeinen[388] und (abzüglich der Strahlen) der Marienfigur auf der Vorderseite der „Wundertätigen Medaille" im Besonderen.

Im Ende Februar, Anfang März 1858 verfassten Bericht von Clarens, eines entfernten Verwandten der Seherin, wird Bernadette mit den Worten zitiert, das "weiße Mädchen" sei „nicht viel größer als ich" gewesen. Leicht vorwärtsgeneigt habe es Bernadette begrüßt „indem es die nach unten hängenden Arme leicht vom Körper wegstreckte und die Hände öffnete."[389] Bereits in einem Brief von Marie Dufo an ihren Bruder vom 26. März 1858, in dem sie von der 16. Erscheinung berichtet, ist dann von zwei

Abb. 114 Anonym. Marienfigur, Lourdes, „Cachot", ehem. Lourdes, alte Pfarrkirche

Phasen der Erscheinung die Rede: Nachdem Bernadette zum dritten Mal gefragt hatte, wer die Erscheinung sei,

„faltete die Dame die Hände, die bis dahin in der Haltung der Wundertätigen Medaille gewesen waren, hob die Augen zum Himmel und antwortete: 'Ich bin die Jungfrau der Unbefleckten Empfängnis. Ich wünsche mir an diesem Ort eine Kapelle.'"[390]

Es ist dies der erste explizite Verweis auf die Nähe einer Phase der Erscheinung zur Medaille aus der Rue du Bac.
Es ist kaum denkbar, dass Bernadette vor ihren Visionen die „Wundertätige Medaille" nicht kannte. Bei ihren Gebeten vor der Marienfigur der Pfarrkirche in Lourdes wird sie in der heimischen Statue das allgegenwärtige Bild der Medaille wiedererkannt und mitverehrt haben (Abb. 114). Spätestens nach der vierten Erscheinung am 19. Februar trug sie selbst ein Exemplar um den Hals.[391] Einem Besucher gegenüber bestätigte sie die Ähnlichkeit der Haltung der Jungfrau mit der „Wundertätigen Medaille", betonte aber, dass sie keine Strahlen gesehen hätte.[392] Doch in dem Augenblick, als die „Schöne Dame" sich als die „Unbefleckte Empfängnis" zu erkennen gab („Qué soy éra Immaculada Councepciou") hatte sie die entsprechend dem Typus der „Wundertätigen Medaille" gesenkten und ausgebreiteten Arme erhoben und die Hände gefaltet. Dieses Bild der 16. Erscheinung markierte den theologisch entscheidenden Aspekt der Ereignisse in Lourdes, und es war dieses Bild, das Joseph-Hugues Fabisch in Marmor übersetzte. Es verdient mit Nachdruck betont zu werden, dass es der Künstler war, der diese Darstellung vorschlug, und mit diesem Vorschlag den Bischof von Tarbes über-

Abb. 115 Lourdes, Obere Basilika, Fenster (Einweihung der Marienstatue in der Grotte)
Abb. 116 Wallfahrtsfahne von Loubajac, Wallfahrt nach Lourdes, 25. Juli 1864

zeugte.[393] Trotz der Ablehnung der Statue durch Bernadette, trotz der Enttäuschung des Künstlers selbst, à la longue setzte sich der von der „Wundertätigen Medaille" abweichende, von Bernadette in dieser 16. Erscheinung gesehene und von Fabisch selbst gewählte Typus der „Unbefleckten Empfängnis" durch.

Zunächst schien es jedoch, als ob das mächtige Bild der Medaille auch die Ikonographie von Lourdes überwölben werde:

Der Sekretär des Bischofs von Tarbes hatte Großes im Sinn. Eine einschließlich Sockel 4 bis 5 Meter hohe in einem Stück gegossene Marienfigur war ihm 1862 in

Abb. 117 Nevers, Espace Saint-Gildard, Lourdes-Grotte, Notre-Dame des Eaux

einem Laden in Toulouse aufgefallen. Er empfahl Bischof Laurence das Stück zum Preis von 2.000 Fr zu erwerben und über der Grotte weithin sichtbar aufzustellen.[394] Sekretär Fourcade betonte, dass die „Statue der sehr heiligen Jungfrau dem Modell der ‚Wundertätigen Medaille' konform" sei.[395] Bei der Vorstellung, welch „hinreißenden" Eindruck[396] die kolossale Statue gemacht hätte, wird Sekretär Fourcade die vergoldete Madonna von Fabisch auf dem Turm der Wallfahrtskirche in Fourvière vor dem inneren Auge gestanden sein. Das Projekt blieb unverwirklicht.[397]

Charles Mercereau hatte, wie oben notiert, in seiner Lithographie die „Schöne Dame" der ersten Erscheinung so dargestellt, wie sie die Medaillen Vachettes zeigen (Abb. 100). Und auch die erste (gipserne) Marienfigur in der Erscheinungsnische war, wie ebenfalls bereits erwähnt, eine des Typus der „Wundertätigen Medaille" gewesen. Auch bei und nach der Installation der Statue von Fabisch wehrte sich das ältere Bild noch gegen den Verlust des Status, das „übliche Bild" der „Unbefleckten Empfängnis" zu sein. Ein Glasfenster in der Basilika von Lourdes erinnert an die Einweihung der Marienstatue von Fabisch in der Grotte (Abb. 115). Rechts unten sind Nonnen dargestellt, die der Zeremonie beiwohnen. Sie führen eine Fahne mit sich, die auf rotem Grund die Gnadenstrahlen sendende Jungfrau der „Wundertätigen Medaille" abbildet. Auch die erste offiziell organisierte Wallfahrt nach Lourdes führte auf der Fahne die Rivalin mit. In die Fahne der Pfarrei von Loubajac, die am 25. Juli 1864 zum 8 km entfernten Ort der Erscheinung wallfahrte, war die auf Wolken stehende, die Arme senkende, die Hände nach außen öffnende Maria, also der der „Wundertätigen Medaille" zugrunde liegende Typus der „Immaculata", eingestickt (Abb. 116).

Wir wissen nicht, wie Bernadette Soubirous die Konkurrenz der Bilder für sich entschied. Sicher ist, dass der von der „Wundertätigen Medaille" vorgegebene Bildtypus für die Frömmigkeit Bernadettes aktuell blieb. Es ist vielleicht nicht ganz zufällig, dass Bernadette Soubirous an dem Tag den definitiven Entschluss fasste, sich als Nonne in das Kloster der Soeurs de la Charité in Nevers zurückzuziehen, an dem die Statue Fabischs in der Grotte von Massabielle eingeweiht wurde.[398] In Nevers muss Bernadette häufig ihr Gebet vor „Notre-Dame des Eaux" verrichtet haben (Abb. 117). Überliefert ist, dass sie in dieser Statue in Nevers Ähnlichkeiten mit der Jungfrau ihrer Erscheinungen ausmachte: „Es gibt da ... etwas."[399] Die Marienstatue entspricht dem Typus der „Wundertätigen Medaille" (erster Ordnung). Die Konkurrenz war noch einmal eröffnet, und offensichtlich wurde die Konkurrenzsituation, als 1884 im Espace Saint-Gildard des Klosters eine Nachbildung der Grotte von Massabielle gebaut wurde – mit „Notre-Dame des Eaux" als Bild der Erscheinung. Ein in die Grotte in Nevers verbauter Stein der Grotte von Massabielle stiftete Authentizität.[400]

1964 engagierten sich drei Muslime und ein Protestant für die Errichtung einer „Lourdes-Grotte" gegenüber der Franziskanerkirche im ägyptischen Beni-Soulf. Überraschend ist übrigens eher das Engagement des Protestanten als das der Muslime. Marienverehrung spielt im Islam keine geringe Rolle.[401] War es nur mangels einer Nachbildung der Lourdes-Madonna von Fabisch oder Raffl, dass eine „Vierge de la Médaille miraculeuse" in der Grotte von Beni-Soulf aufgestellt wurde? Schon am Tag der Einweihung der Grotte jedenfalls ereignete sich am Brunnen in der Grotte eine Wunderheilung.[402]

VI. Die theologische Diskussion über das richtige Bild der „Unbefleckten Empfängnis"

Der an früherer Stelle gegebene summarische Überblick über die ikonographische Tradition der „Immaculata"-Bilder hat den weiten Spielraum deutlich gemacht, der Künstlern und Auftraggebern offen stand. Deutlich wurde dabei auch, dass noch der „Immaculata"-Papst Pius IX. ‚sein' Dogma in sehr unterschiedlichen Bildtypen gespiegelt sehen konnte: Maria stehend, Maria sitzend; Maria mit Kind, ohne Kind; mit über der Brust gekreuzten Händen, einer Hand zum Segensgruß erhoben oder vor die Brust geführt, die andere nach unten gesenkt; mit nach unten ausgebreiteten Armen; mit gefalteten Händen. Auch wenn es insofern nicht das Anliegen des Papstes gewesen sei kann, den einen gültigen Typus zu finden und zu propagieren, seine Verkündigung des Dogmas musste die entsprechende Diskussion unweigerlich anstoßen.

Nicht durchgesetzt hat sich die umständliche Ikonographie, die Abbé Célestin Cloquet den Malern vorgeschlagen hatte. Unzufrieden mit den bisherigen Darstellungen in der Kunstgeschichte,[403] konzipierte er ein Gemälde, das sich in drei Bildebenen gliedert. Das erste Bilddrittel zeigt die Dreifaltigkeit im Dreieck. Im zweiten Drittel erscheint die Seele Mariens in Gestalt einer weißen Taube, begleitet von dem Verkündigungsengel mit dem Lilienzweig. Seitlich bemühen sich Teufel, Maria mit der Erbsünde zu beschmutzen, ein Angriff, den Jesus auf der gegenüberliegenden Seite erfolgreich abwehrt. Auf der dritten Bildebene wird Mutter Anna bedroht von Bösewichtern, kniet aber bereits sicher im Garten. In ihrem Schoß sieht man Maria als Embryo, dem eben die (unbefleckte) Seele eingeflößt wird. Ganz links wohnt Joachim dem wunderbaren Geschehen bei.[404]

In seine Kritik an den bestehenden Bildern der „Unbefleckten Empfängnis" schloss Cloquet das Marienbild auf dem Avers der „Wundertätigen Medaille" ein. Die Erschaffung von Mariens Seele werde nicht anschaulich, ebensowenig wie die Befreiung von der erblichen Sündenschuld.[405] Cloquet band hier an die entsprechende Kritik der belgischen Bischöfe Engelbert Sterckx und Jean-Baptiste Malou an, die 1854 und 1856 Empfehlungen für die Ikonographie der „Unbefleckten Empfängnis" gegeben hatten: Die von der Gnadenstrahlmadonna der Rue du Bac ausgehenden Strahlen versinnbildlichten die von Maria gewährten Gnaden, wohingegen eine Darstellung des Glaubensgeheimnisses der „Unbefleckten Empfängnis" die Gnaden zu visualisieren hätte, die Maria zum Zeitpunkt ihrer Empfängnis im Leib der Mutter Anna zuteil geworden waren. Die Bischöfe bezogen sich dabei auch auf das Problem, das die Anfrage der Lazaristen von Neapel aufgeworfen hatte, ob sie ein nach dem Vorbild der „Wundertätigen Medaille" gefertigtes Altarbild in ihrer Nikolauskapelle aufstellen dürften. Die Ritenkongregation in Rom beschied 1837 die Anfrage abschlägig. Der Bildtypus sei neu, ungewohnt, weiche vom althergebrachten Typus ab und sei deshalb nicht angemessen.[406] Ein generelles Verbot sei, wie Malou präzisierte, damit nicht ausgesprochen gewesen, wie das später in Erinnerung an die Konversion Adolphe Ratisbonnes für die römische Kirche Sant'Andrea delle Fratte gemalte Bild bestätige. Der Bildtypus bedürfe aber jeweils der bischöflichen Erlaubnis und dürfe nicht die „öffentliche und feierliche Approbation" für sich beanspruchen.[407]

Dass Maria (noch) nicht die Gnadenspendende ist, wie auf der „Wundertätigen Medaille" zu sehen ist, sondern die Gnadenempfangende, könne veranschaulicht werden, indem man Gott zu Häupten der Jungfrau abbilde: Gott in Form der Trinität oder Gottvater allein? An dem Punkt schon gingen Sterckx, der Bischof von Mechelen und sein Amtskollege in Brügge, Malou, auseinander. Sterckx plädierte für die visuelle Einbindung der Dreieinigkeit, Malou für die Beschränkung auf Gottvater. Interessanter in Rückblick auf die Durchsetzungsfähigkeit der von der „Wundertätigen Medaille" adaptierten Gebärde und im Vorausblick auf den seit Lourdes üblichen Typus sind die Auslassungen der belgischen Bischöfe über Haltung und Kleidung des von ihnen propagierten Typus. Die Diskussionsgrundlage hatten Sterckx und ein den Nazarenern nahestehender oberbayrischer Künstler geschaffen: Sterckx weilte 1854 während der Verhandlung über die Dogmatisierung der „Unbefleckten Empfängis" in Rom. In dieser Zeit schrieb er seine kurze „Disquisitio" über die richtige Weise, die „Unbefleckte Empfängnis" darzustellen,[408] die er allen Prälaten, die am Vorabend der Verkündigung des Dogmas anwesend waren, überreichte.[409] Das Titelblatt ließ er mit dem Halbfigurenbild einer Maria mit gefalteten Händen illustrieren (Abb. 118). Der für diese Illustration gewählte Typus entspricht nicht dem von Sterckx favorisierten. Während seines Romaufenthaltes fertigte der in Rom lebende Cornelius-Schüler Alexander Maximilian Seitz aus München, ikonographisch gelenkt

Abb. 118 Sterckx, Engelbert, De modo pingendi Sanctissimam Dei Genitricem Mariam sine labe originali conceptam, Rom 1854, Titelblatt

Abb. 119 Seitz, Alexander Maximilian, Unbefleckte Empfängnis (1854), in: Sterckx, Engelbert, Courte dissertation, 1855, Vorsatzblatt

Abb. 120 Murillo, Bartolomé Esteban, Unbefleckte Empfängnis, 1665–68, Sevilla, Museo de bellas Artes
Abb. 121 Murillo, Bartolomé Esteban, Unbefleckte Empfängnis aus dem Escorial, 1660–65, Madrid, Museo del Prado

von dem Mechelner Bischof, eine Zeichnung des ‚richtigen' Bildes der „Immaculata" an. Eine Fotografie nach dieser Zeichnung ließ Sterckx Pius IX. zukommen. Vervielfältigt wurde die Zeichnung als Lithographie.[410] In die im folgenden Jahr (1855) mit einer französischen Einleitung versehenen Publikation seiner „kurzen Dissertation" ist ein Kupferstich nach der Zeichnung von Seitz als Vorsatzblatt eingebunden (Abb. 119). Bereits in der „Disquisitio" hatte Sterckx das Blatt beschrieben und als beste Darstellung des Glaubensgeheimnisses empfohlen.[411]

In der Graphik des Alexander Maximilian Seitz schwebt die Dreifaltigkeit auf einem Wolkenband über

Maria; von der Heilig-Geist-Taube fallen Gnadenstrahlen auf die Jungfrau. Engel umgeben sie seitlich. Maria ist „bekleidet mit der Sonne" (die traditionelle Lichtaureole). Sie steht nicht auf dem Globus oder der Mondsichel und tritt nicht auf die Schlange; aber unterhalb der auf Wolken stehenden Marienfigur ist die sich auf dem Mond ringelnde Schlange abgebildet. (Malou kritisierte das: Sie solle nicht auf Wolken stehen, sondern auf dem Erdball[412]). Auf dem Haupt trägt Maria eine Sternenkrone. (Königliche Insignien sollte Malou zufolge vermieden werden.[413]) Bekleidet ist sie mit Kleid, Mantel und Schleier. Sie blickt nach unten und – überraschend angesichts der Kritik des Bischofs an der Marienfigur der „Wundertätigen Medaille" – Maria senkt beide Arme, breitet sie aus und öffnet die Handflächen nach außen und unten. „Angemessen ist es, die seligste Jungfrau stehend darzustellen, mit gesenkten Augen, die Hände für einen Augenblick ausgebreitet."[414] Unterschieden wird somit zwischen einem Typus zweiter Ordnung, der „Gnadenstrahlmadonna" der „Wundertätigen Medaille", und dem aus der Ikonographie der Schutzmantelmaria entwickelten Typus (erster Ordnung), der sich auch in anderen Bildtypen zweiter Ordnung und deren Filiationen (der „Madonna della Misericordia" in Savona und ihrer Kopie in Notre-Dame des Victoires, schließlich Bouchardons kostbarer Silbermadonna, Chioselat-Galliens Nachbildung in Saint-Sulpice und den zahllosen billigeren und billigen Gipsfiguren) manifestierte.

Die Marienfigur auf der Vorderseite der „Wundertätigen Medaille" gehört in diese ikonographische Reihe. Lässt sich der Typus erster Ordnung so ohne weiteres vom Typus zweiter Ordnung abgrenzen, nachdem letzterer in der „Wundertätigen Medaille" eine so überwältigende Prominenz erhalten hatte? Sterckx wird dies angenommen haben, sein Kollege in Brügge sah dagegen die ihre Hände senkende und öffnende Maria so eng mit der Medaille verbunden, dass seiner Ansicht nach diese Haltung gegenwärtig nur noch konkret bei Darstellungen der Erscheinung in der Rue du Bac angemessen sei. Die richtige Haltung Mariens als „Unbefleckte Empfängnis" sei die des Gebets, also mit über der Brust gekreuzten, mit leicht erhobenen oder mit vor der Brust gefalteten Händen.[415]

Die in Frankreich aufmerksam verfolgte Auseinandersetzung der beiden belgischen Bischöfe darf man für kleinkariert halten. Für Ernest Renan war dem so. Hätte es zu Raffaels Zeiten so enge Regeln für die Ikonographie gegeben, würden wir heute nicht seine so bezaubernden, so wenig traditionellen und doch so wahrhaft religiösen Madonnen bewundern dürfen. Renan sah in der ikonographischen Diskussion zwischen Sterckx und Malou ein Symptom dafür, dass der Katholizismus zunehmen materialistisch geworden sei.[416]

Nicht einig waren sich die belgischen Bischöfe auch über das Alter, das die „Immaculata" im Bild haben solle. Sterckx wollte eine erwachsene Frau („perfecta aetate");[417] der Stich nach der Zeichnung zeigt dementsprechend eine etwa 20-jährige. Malou wünschte dagegen ein Bild, das die Jungfrau in ihrer „frühesten Jugend" zeige,[418] also im Alter von 14 bis 15 Jahren.[419] Er konnte sich diesbezüglich kunsthistorisch auf Murillo berufen, der beispielsweise auf den Gemälden der „Unbefleckten Empfängnis" aus Aranjuez, aus dem Escorial oder im Museo de bellas Artes in Sevilla Maria als Mädchen dargestellt hatte. Das entsprach zudem der Empfehlung des spanischen Malers und Kunsttheoretikers Pacheco, der in seinem Traktat „Arte de la Pintura" (1649) ein Alter von 12 oder 13 Jahren als für die Darstellungen der „Immaculata" angemessen erachtet hatte.[420] Und hatte nicht bereits Juan Diego in der „Virgen de Guadalupe", die ihm 1531 auf dem Hügel von Tepeyac erschienen war, sowohl die „Herrin" und „Königin", als auch sein „Mädchen", sein „Kleines" und sein „Töchterlein" gesehen?[421]

Als Abbé Raymond Corbin sich in die Debatte einschaltete, hatten die Erscheinungen in Lourdes bereits stattgefunden. Anders als Sterckx und Malou war jetzt neben Fragen der Bildtradition und neben bildtheologischen Erwägungen eine Augenzeugin im Spiel. Zusätzlich zu der Beschreibung, die Abbé Fourcade nach dem Bericht Bernadettes niedergeschrieben hatte, führte Corbin selbst in Begleitung eines Herrn Rouy und in Anwesenheit der Schwester Oberin des Hospizes von Lourdes ein Gespräch mit Bernadette.[422] Zunächst testete er die von Murillo vorgegebenen Bildtypen. Von Murillo existieren mehrere Versionen des Themas (Abb. 120, 121). Jeweils trägt Maria ein weißes Kleid und einen blauen Mantel. In einigen Darstellungen kreuzt sie die Hände vor der Brust, ansonsten faltet sie. An letztere Bilder, zumal an diejenigen, in denen Maria als kleines Mädchen dargestellt ist, wird Abbé Corbin gedacht haben, als er Murillo konzedierte, sich dem „schönen Ideal dieses Geheimnisses (der „Unbefleckten Empfängnis", HK) am weitesten angenähert zu haben".[423] Doch selbst Murillo genügte den Kriterien nicht vollständig, die Corbin an eine angemessene Darstellung der Unbefleckten Empfängnis angelegt hatte. Murillos Marien tragen lange freifallende brünette Haare; Corbin bestand auf einem Kopfschleier, der nur einen Streifen goldblonder Haare („blond vénitien") sehen lässt.[424]

Bei der Festlegung des geeigneten Marienbildtypus berief sich Corbin auf die Graphik, die Pius IX. bei der Verkündigung des Dogmas den Bischöfen gegeben hatte, und er hatte als Maßgabe Bernadettes Beschreibung der Vision in der Grotte von Massabielle.

Ausdrücklich und vielleicht mit kritischem Blick auf Murillos Versionen befragte er die Seherin, ob die Erscheinung einen Mantel auf den Schultern getragen habe. Bernadette verneinte. Sie verneinte auch, als sie gefragt wurde, ob – als die „Dame" in der Haltung der „Wundertätigen Medaille" vor Bernadette stand – von den geöffneten Händen Strahlen ausgegangen seien. Auch Corbin hielt die Strahlenmadonna nicht für den angemessenen ikonographischen Typus für die Darstellung der „Unbefleckten Empfängnis"; auch er betonte die Differenz zwischen den Maria zuteil gewordenen Gnaden und den von Maria gewährten Gnaden,[425] und auch er referierte auf die Entscheidung der Ritenkongregation hinsichtlich der Anfrage der Lazaristen von Neapel.[426] Doch seine Zurückweisung des Typus betraf auch den Typus erster Ordnung. Eine im Jahr der Verkündigung des Dogmas 1854 in Rom geprägte Medaille zeige die „Immaculata" mit gesenkten Händen und geöffneten Händen. Vorzuziehen sei der Typus, den die Graphik zeige, die Pius IX. am 8. Dezember 1854 verteilt hatte (Abb. 30).[427] Um eine bildgeschichtliche Entscheidung war es Corbin zu tun. Corbin wertete den Marienbildtypus der „Wundertätigen Medaille" ab, um die von Bernadette gesehene 16. Erscheinung, diejenige, bei der sich die „Schöne Dame" mit vor der Brust gefalteten Händen als „Unbefleckte Empfängnis" zu erkennen gab, zum allgemein anerkannten Bild der Immaculata zu erheben. Und so kam es später auch. (In einem Detail dürfte Bernadettes „Immaculada Councepciou" aber doch nicht ganz den Vorstellungen Corbins entsprochen haben: Niemals dürfe die „Unbefleckte Empfängnis" ganz barfuß dargestellt werden, hatte er gefordert.[428] Waren ihm die gelben Rosen als Fußbekleidung hinreichend, von denen je eine auf den nackten Füßen der Erscheinung auflagen, wie sich Bernadette in der Befragung am 17. November 1858 erinnerte?[429])

In der Frage des angemessenen Alters der darzustellenden „Immaculata" entschied sich Corbin, wie angedeutet, für Malou und gegen Sterckx, auch dies eine Entscheidung, für die die Augenzeugin den Ausschlag gegeben hatte: Die angemessene Darstellung sei „das Kind oder das kleine Mädchen, offenherzig und natürlich, bescheiden und anmutig, mit einem Lächeln auf den Lippen, einem klaren Blick".[430]

VII. Mantel oder Schleier

Auch in Hinblick auf ein Detail, das aber vielleicht doch nicht beiläufig ist, widerspricht das milliardenfach produzierte und distribuierte Marienbild auf der „Wundertätigen Medaille" in der Mehrzahl der geprägten Exemplare der von Catherine Labouré erinnerten Erscheinung. In ihrem Todesjahr 1876 formulierte sie erneut ihre Vorstellungen einer zu ihrer Vision stimmenden Statue. Lebensgroß solle die Statue sein, die Hände sollten bis zur Höhe des Bauches angehoben sein und einen Globus tragen. An den Händen solle sie Ringe mit kostbaren Steinen trage, die Strahlen aussenden. Sie erwähnte schließlich ein Kostümdetail: „einen Schleier auf dem Kopf, der bis nach unten fällt".[431]

So ist Froc-Roberts kleine Statue denn auch gekleidet (Abb. 53): Maria trägt keinen Mantel. Stattdessen hüllt der bis auf Fußhöhe fallende Schleier das Kleid am Rücken und seitlich ein. Die Maria mit Globus Froc-Roberts, die 1880 auf den Altar des hl. Joseph in der Chapelle Notre-Dame de la Médaille Miraculeuse gestellt wurde, und Maxime del Sartes Figur, die 1930 diese erste Maria mit dem Globus ersetzte, tragen ebenfalls über dem Kleid nur noch den von Catherine Labouré gesehenen lang herabfallenden Schleier (Abb. 54, 55). Kopfschleier und Mantel trägt Maria dagegen auf der Zeichnung Letailles von 1841, obwohl der in diesem Jahr von Catherine Labouré schriftlich niedergelegte und von Letaille bildlich umgesetzte Bericht bereits den „weißen Schleier" nennt, „der an beiden Seiten bis zu den Füßen herabreicht".[432] (Abb. 52)

Für welche Kleidungsvariante entschied sich Vachette, seine Konkurrenten und die Nachfolger? Keinen Mantel, sondern den langen Schleier sieht man auf der Medaille, die als eine der frühesten – noch 1832 oder wenig später zu datierenden – Editionen gilt (Abb. 5). Adrien Vachette verstarb 1839. Eine weitere Edition, die auf der Rückseite mit „Adr. Vachette" signiert ist, muss somit noch in den dreißiger Jahren produziert worden sein (Abb. 6, 7). Die starr frontale Haltung der Maria ist hier aufgelöst, die Figur ist bewegter, auch fülliger. Nur ein kurzer Kopfschleier deckt das Haupt. Über dem hochgegürteten Kleid trägt Maria einen faltenreichen Mantel. Es ist zumindest mir nicht möglich, beide Editionen der Medaille in eine chronologische Abfolge zu bringen. Vielleicht differieren sie auch nur im künstlerischen (preislichen?) Niveau – die zuletzt genannte Medaille ist offensichtlich anspruchsvoller. Durchgesetzt, was die weniger barock bewegte, schlankere

Abb. 122 Madonna, Reuilly
Abb. 123 Vibert, Die Muttergottes der „Wundertätigen Medaille", 1837 Aufstellung, ehem. Paris, Saint-Gervais-Saint-Protais
Abb. 124 Carbonnier, François, Die Muttergottes der „Wundertätigen Medaille", 1842/43, Paris, Saint-Lazare

Figur anbelangt, hat sich die erstere Version bis hin zu den aktuell verkauften Exemplaren. Doch hinsichtlich der Frage: Mantel oder Schleier? dominierte die Edition mit der Signatur Vachettes die künftige Produktion. War die von Catherine Labouré gesehene Bekleidung also in der frühen Produktion der Medaille zumindest noch eine Option gewesen, so spielte ihre Beschreibung in der Folge kaum eine Rolle mehr. Aktuelle Ausgaben zeigen Maria im weiten, mit dem Ausbreiten der Arme geöffneten Mantel (Abb. 10, 11). Der Kopfschleier fällt in den Rücken der Figur.

Das entsprach der Bildtradition. Die Madonnen im Bouchardon-Typus, die Catherine Labouré, die ihr Beichtvater, die der Pariser Erzbischof vor dem äußeren oder inneren Augen hatten, trugen nicht immer einen Kopfschleier, immer aber einen Mantel. Bouchardons Silbermadonna, so wie sie über die Graphik von um 1744 und über die Rekonstruktion von Louis-Isidore Chioselat-Gallien zu erschließen ist, war barhäuptig und war mit einem weiten Mantel bekleidet (Abb. 40, 41). So im übrigen auch eine Marienstatue im Bouchardon-Typus in Reuilly,

Abb. 125 Anonym, Vierge miraculeuse, 1835, Lyon, Kapelle von Notre-Dame de Fourvière
Abb. 126 Marcos de Aquino (?), Jungfrau von Guadalupe, 1531 (?), Mexiko-City, Nueva Basilica de Nostra Senora de Guadalupe

der Catherine Labouré die Krone weggenommen hatte, um sie vor den Kommunarden zu verstecken (Abb. 122).⁴³³ Das von Vibert nach den Angaben Aladels gemalte, ehemals in der Pariser Kirche Saint-Gervais-Saint-Protais befindliche Gemälde und François Carbonniers Madonna für Saint-Lazare, die beide die Erscheinung in der Rue du Bac abbilden, zeigen die Strahlenmadonna mit Kopfschleier und Mantel (Abb. 123, 124). Und so sieht man sie bereits auf dem Marienbild der Pfarrkirche von Fain-les-Moutiers, vor dem Catherine Labouré als Kind gebetet hatte, und in der Hausmadonna, vor der die Waise Maria bat, sich ihrer als Mutter anzunehmen (Abb. 45). Lecerfs Gemälde von der Erscheinung der Jungfrau in der Rue de Bac vor der damals noch anonymen Nonne aus dem Jahr 1835 differert Mantel und Schleier auch farblich – blau/goldgelb (Abb. 4). Ähnlich ist der Farbkontrast auf dem die „Wundertätige Medaille" auch im Format und mit der umlaufenden Anrufung imitierenden Altargemälde in der Kapelle von Notre-Dame de Fourvière in Lyon (Abb. 125). Weiß ist der Schleier von Natale Cartas „Madonna del Miracolo", der aber ungehinderten Blick auf die brünette Haartracht der Jungfrau gibt, wohingegen der Mantel in blaugrün gehalten ist (Abb. 58). Die Strahlenmaria, die der Pfarrer von Ars 1834 bei Laporte in Lyon orderte, hat Schleier und Mantel, und das gilt ebenso für die älteste, 1850 aufgestellte Strahlenmadonna aus Gips auf dem Hochaltar der Chapelle Notre-Dame de la Médaille Miraculeuse wie für das 1856 stattdessen dort aufgestellte Marmorbild Maldineys (Abb. 9, 56, 57).

Auch hinsichtlich der Kleidung wurde Catherine Labourés Zeugnis also ignoriert, wohl mit Rücksicht auf die Tradition. Es gibt tatsächlich wenige ältere Bildbeispiele für die „Unbefleckte Empfängnis", in denen der lange Schleier den Mantel ersetzt. Eines dieser seltenen Beispiele ist die „Jungfrau von Guadalupe", die – so die erstmals 1648 schriftlich fixierte Erzählung – 1531 dem Indio Juan Diego erschien und selbst ihr Bild dem Mantel Juan Diegos einprägte (Abb. 126). Ein zweites verdient hervorgehoben zu werden: „Nostra Signora della Misericordia" in ihrem Heiligtum in Savona ist über ihrem Kleid nur mit einem langen, weiten Schleier angetan. Nicht anders als mit Schleier und Mantel bekleidet waren demgegenüber auch die Marienstatuen des Bouchardon-Typus, mit denen Bernadette Soubirous vertraut geworden war. Die Vergoldung der Holzmadonna aus der Pfarrkirche von Lourdes verähnlicht zwar Kopfschleier und Mantel, die gleichwohl deutlich unterschieden sind. Und auch „Notre-Dame des Eaux" in Nevers, in der Bernadette als Nonne Ähnlichkeiten mit der „Schönen Dame" fand, weist die übliche Kleidung dieses Typus auf.

Die kostümgeschichtliche Wende brachten erst die Erscheinungen in der Grotte. „(E)inen weißen Schleier, der bis zu ihren Füßen herabreichte" trug die „Schöne Dame", wie Bernadette bereits nach der ersten Erscheinung am 11. Februar 1858 zu Protokoll gab.⁴³⁴ Auch bezüglich der Farbigkeit ähnelten sich die Visionen von Bernadette Soubirous und von Catherine Labouré, deren Erscheinung den langen weißen Schleier über einem Kleid aus weißer Seide trug.⁴³⁵

Verständlich wird jetzt, warum es Abbé Corbin bei seinem Gespräch mit Bernadette neben anderem so wichtig war, ob die Erscheinung einen Mantel auf den Schultern getragen habe und weshalb er ihr Nein mit Befriedigung aufnahm. Sein Anliegen war es, die ikonographischen

Mängel in der Bildtradition der „Unbefleckten Empfängnis" offen zu legen. Bernadettes Beschreibung der „Schönen Dame" habe alle Fehler der Tradition vermieden.[436] Die Konkurrenz der Visionen war für Corbin zugunsten Bernadettes entschieden und mit der von Bernadette und vom Künstler selbst ungeliebten Statue aus Carrara-Marmor in der Grotte von Massabielle zeichnete sich auch die Entscheidung über die Konkurrenz der Bilder ab. Spätestens mit José Ferreira Thedims Madonna von Fatima war es unabweisbar, dass Maria so erscheinen musste: Weiß gekleidet, mit einem lang fallenden Schleier, mit zum Gebet gefalteten Händen (Abb. 127). Die bildgeschichtlich Kontinuität von Lourdes nach Fatima wurde allerdings 1871 unterbrochen durch eine erneut spektakuläre Marienerscheinung, die ähnlich sperrig zu den ikonographischen Traditionen stand wie Cathérine Labourés „Madonna mit dem Globus" und die von Huysmans verspottete Maria mit der Mohikanerhaube in La Salette.

Abb. 127 Thedim, José Ferreira, Virgen de Fatima, 1920 (später restauriert), Fatima Wallfahrtskirche

Pontmain
I. Die Erscheinung im Himmel über Pontmain

Abb. 128 Zeitgenössische Illustration, Marienerscheinung in Pontmain

Am Abend des 17. Januars 1871 erfuhren Dorfkinder eine fast drei Stunden währende Vison über dem Haus der Familie Guidecoq in Pontmain. Der 12-jährige Eugène Barbedette, der, nachdem ein Besuch die Arbeit mit seinem Vater in der Scheune unterbrochen hatte, nach draußen ging, sah sie zuerst; dann sah sie sein jüngerer Bruder Joseph. Die Eltern, die nichts davon wahrnahmen, befahlen den Kindern das Abendessen einzunehmen. Als die beiden Knaben nach dem Essen erneut ins Freie traten, war die Erscheinung immer noch am Himmel zu sehen. Allmählich versammelten sich 30 bis 40 Personen, darunter zwei Nonnen und der Dorfpfarrer, doch von den neu Hinzugekommenen waren es wiederum nur Kinder – Eugène Friteau, Jeanne Marie Lebossé und Françoise Richer –, die die „schöne Dame" erblickten: Sie trug ein blaues mit Sternen besetztes gürtelloses Gewand, einen schwarzen Schleier, eine goldene, von einem roten Faden durchzogene, umgekehrt kegelsegmentförmige Krone, blaue Schuhe mit goldener Schnalle und ein kleines rotes Kreuz vor dem Herzen.[437] Einladend streckte sie den Kindern ihre ausgebreiteten Arme entgegen. Während des gemeinsamen Gebets der Anwesenden rahmte eine blaue Aureole die – obwohl schweigsame – inzwischen als Jungfrau Maria identifizierte schöne Frau; Maria begann größer zu werden, die Sterne auf ihrem Gewand vermehrten sich, glichen dem Zeugnis der Kinder zufolge einem Ameisenhaufen.

Unter ihren Füßen leuchtete ein weißes Schriftband, auf dem sich in goldenen Lettern allmählich die Aufforderung

„Mais priez mes enfants Dieu vous exaucera en peu de temps. Mon fils se laisse toucher." („Aber betet, meine Kinder Gott wird euch bald erhören. Mein Sohn lässt sich rühren.")

abzeichnete.[438] Nach dieser Verheißung hob Maria die Hände, bewegte die Finger, so, als ob sie ein Musikinstrument spielen würde und lachte den Kindern zu. Auf den Schultern der Jungfrau sah man zwei weiße Kreuze; von den Füßen Mariens stieg ein Stern auf, der vier ebenfalls von der blauen Aureole eingefasste, an die Aureole angebundene Kerzen entzündete. Danach verdüsterte sich ihre Miene und sie nahm mit beiden Händen ein mit „Jésus Christ" beschriftetes rotes Kreuz mit blutendem Corpus vor die Brust. Beim Gesang des „Ave Maria stella" verschwand das Kruzifix und Maria nahm erneut die Haltung ein, in der sie zuerst erschienen war. Die Erscheinung endete, indem ein weißer Schleier sie von den Füßen bis zum Haupt allmählich verhüllte. Zuletzt blieb nur die Krone noch eine Weile stehen, bis auch sie vom Schleier bedeckt wurde.

Eine Aureole, wie sie die Erscheinung am Himmel über Pontmain umgab, ist – die Erläuterung wird vermutlich überflüssig sein – eine sakrale Auszeichnung. Doch eine Aureole ist auch ein Rahmen. Insbesondere in der materialisierten Form dieser Aureole – Kerzen waren an ihr befestigt – gab sie der Erscheinung die Realität eines gerahmten lebenden Bildes.

Wie in der Rue du Bac, wie in Lourdes stellt sich die Frage nach der Medialität somit nicht erst vor den bildlichen Repräsentationen der Marienerscheinung, sondern bereits in Hinblick auf die Erscheinung selber. Und es ist vielleicht nicht ganz unabhängig davon, dass die Erscheinungen zuerst und zunächst ästhetisch erlebt wurden.

Wie bei Bernadette Soubirous in Lourdes, wie bei Maximin und Mélanie in La Salette, wie bei Cathérine Labouré in der Rue du Bac stand unabhängig von allen Schilderungen der Kleidung, Haltung, Mimik der Erscheinung auch bei den Ereignissen in Pontmain die Schönheit im Vordergrund: Im ersten Brief, den der Pfarrer von Pontmain am Tag nach den Ereignissen verfasste, verzichtete er auf Einzelheiten, hielt aber fest, die Kinder hätten ständig ausgerufen:

„O! Wie schön Maria ist! O wie schön sie ist! Was für eine schöne Krone hat sie nicht auf ihrem Kopf! Wie schön ist das von Sternen übersäte Kleid!"[439]

Als Maria im Verlauf des Rosenkranzgebets zu zweifacher Lebensgröße anwuchs (zweimal so groß wie die auf 1,65 m geschätzte Schwester Vitaline[440]) soll sie dem Zeugnis der Seher zufolge noch schöner geworden sein.[441] Der den Kindern zur Prüfung vorgelesene, vom Bischof von Laval zum Druck freigegebene ausführliche Bericht Abbé Richards beschreibt die Erscheinung als eher klein, sehr weiß und von einer „unvergleichlichen Schönheit".[442] Der Befragung im Dezember 1871 zufolge sei das Gesicht klein und rundlich gewesen, weiß und schön, schöner als alle Damen, die man jemals in Pontmain angetroffen habe.[443]

Bereits zwei Tage nach der Erscheinung waren die Kinder einem strengen Verhör unterzogen worden. Der Pfarrer von Pontmain bat seinen Kollegen aus Landivy zu kommen, der am 19. Januar 1871 eine vierstündige Untersuchung durchführte. Der Versuch, die Kinder zu verwirren, sie in Widersprüche zu verwickeln, scheiterte. Sie bestanden selbst die Farbprobe: Der Pfarrer von Landivy hatte ihnen diverse Blaunuancen vorgelegt. Die Befragten entschieden sich einhellig, dass ein bestimmter Indigo-Ton der Farbe des Kleides der Erscheinung am besten entspräche.[444]

Dass die preußischen Truppen, die zum Zeitpunkt der Vision vor dem nur etwa 50 km entfernten Laval standen, die nicht verteidigbare Stadt trotzdem nicht besetzten, 11 Tage später der Waffenstillstand ausgerufen wurde und die 38 zum Kriegsdienst eingezogenen Bewohner von Pontmain unversehrt zurückkehrten, beförderte die Verehrung und die offizielle Bestätigung von Seiten des Bischofs von Laval,

„dass die Unbefleckte Jungfrau Maria, die Mutter Gottes, am 17. Januar 1871 im Dorf Pontmain wirklich Eugène Barbedette, Joseph Barbedette, Françoise Richer und Jeanne-Marie Lebossé erschienen ist."[445]

Tröstlich waren das Versprechen, dass die Bitten der Gläubigen (bald) Erhörung fänden und das mütterliche Versprechen, dass sich der Sohn rühren ließe, noch in den Weltkriegen des 20. Jahrhunderts.

Eine Statue, entstanden „nach den sehr genauen Angaben der Kinder"[446] war am 16. Juni 1871 hinter dem Haus der Familie Guidecq, ungefähr an der Stelle der Erscheinung, auf eine Säule gestellt worden.[447] Selbst die Größenangabe – so groß wie Schwester Vitaline – wurde berücksichtigt.[448] Am 17. Januar 1872, dem ersten Jahrestag der Erscheinung, wurde die Marienfigur der „Colonne de l'apparition" geweiht.[449] Heilungen sind überliefert, an denen die Statue zumindest mitbeteiligt war. Mlle Julie F. wurde von einer chronischen Gastritis geheilt, nachdem sie eine Stunde zu Füßen der Statue gebetet und anschließend die Messe besucht hatte.[450] Den 10-jährigen Émile aus einem Dorf der Diözese Rennes hatte ein schweres Fieber so geschwächt, dass er nicht mehr gehen konnte. Am 29. Juni 1871 brachte man ihn nach Pontmain. Nachdem er sich mit seiner Mutter zu Füßen der Marienstatue eine Viertelstunde aufgehalten, anschließend die Messe besucht hatte, konnte er sich wieder selbständig auf den Füßen halten.[451] Eine Nonne aus Évron hatte 1867 ihre Stimme ganz verloren; vor der Marienfigur in Pontmain stimmte sie in den Gesang der Pilger ein.[452] Ein Pilger, am 18. Juli 1871 allein vor der Säule stehend, gewahrte, dass die Statue ihren Schatten auf ihn geworfen hatte. Die Schattenheilung des hl. Petrus kam ihm in den Sinn und er erbat Gnaden und Heilungen für sich und die ihm teuren Seelen.[453] Kurzum, es ereigneten sich Heilungen, und es wurden Heilungen herbeigebetet, bei denen die Marienfigur auf der „Colonne de l'apparition" Anteil nahm, doch es waren wenige, wie überhaupt, von dem „Wunder" der Verschonung Lavals vor den deutschen Truppen und der unversehrten Heimkehr der 38 in den Krieg von 1870/71 gezogenen Söhne des Dorfes abgesehen, Pontmain sich in der Zahl der Wunder nicht annähernd mit La Salette messen konnte – von Lourdes ganz zu schweigen. 1924 zählte Roulleaux in der Basilika nur 33 Votivtafeln, die für eine Heilung danken.[454] Die Karriere zum „objet-personne", die dem Nachbild im libanesischen Béchouate gelang, blieb Notre-Dame de Pontmain auf der „Colonne de l'apparition" jedenfalls versagt. So wenig Kraft hatte sich in die Materialität des Bilddinges auf der Säule eingelagert, dass dieses am 50. Jahrestag der Erscheinung im Jahr 1921 durch eine bemalte Kupferfigur ersetzt werden konnte (Abb. 2).[455] Die neue Statue bildet diejenige, die sie ersetzte, ab, wie alte Postkarten belegen. Autorität beanspruchte nicht das materielle Bildding, sondern das Urteil der Augenzeugen. Die der Vision teilhaftig gewordenen Kinder waren, wie erwähnt, für die Herstellung der erste Statue auf der „Colonne de l'apparition" befragt worden. Im Marienbild auf der „Colonne de l'apparition" erkannte Joseph Barbedette am ehesten noch das wieder, was er am 17. Januar 1871 gesehen hatte.[456]

Die Marienfigur auf der Säule zeigt die vierte Phase der Erscheinung – das rote Kreuz mit dem blutenden Corpus in den Händen. Sie trägt das sternenübersäte blaue Kleid, und bekrönt ist sie mit der hohen umgekehrt kegelsegmentförmigen Krone, die ein rotes Band unterteilt. Ebensowenig wie die Erscheinung auf dem Plateau von La Salette ließ sich Maria, so wie sie sich in Pontmain zu erkennen gab, in die Tradition der christlichen Ikonographie einfügen. Graf Lafond berichtete 1872 noch von dem Plan, die Säule durch eine Kapelle zu ersetzen.[457] Es hätte dies die Integration des Augenzeugenbildes in einen Sakralraum impliziert, und eben das wird der Grund gewesen sein, weshalb auch nach dem Bau der Wallfahrtskirche die Figur auf ihrer Säule und außerhalb des Sakralraums blieb.

II. Die Wahrheit der Kunst und die Wahrheit der Erscheinung

Wie vordem in La Salette war es ein außerhalb des Sakralraums situiertes Bild, das am getreuesten die Augenzeugenberichte memorierte. Das in der Kirche zu verehrende Bild war anderen Bedingungen unterworfen. Wie in La Salette führte dies zu Konflikten:

Für die Zahl der Pilger nach den wunderbaren Ereignissen des 17. Januar 1871 war die Pfarrkirche von Pontmain zu klein. Der Grundstein für eine große Wallfahrtskirche wurde am 17. Juni 1873 gelegt, vollendet wurde die Basilika „Notre-Dame de l'Espérance de Pontmain" 1890 und erst 1900 wurde sie geweiht. Für die neue Kirche sollte der Bildhauer Joseph Vallet aus Nantes ein Marienbild schaffen, für dessen Wahrheit ein Augenzeige der Erscheinung, Joseph Barbedette, einzustehen hatte. Frustrierend war es für beide. Der Bildhauer Joseph Vallet hatte soweit es ihm möglich war, die Hinweise von Joseph Barbedette in sein Modell einer Statue der „Notre-Dame de Pontmain" eingearbeitet. Als der Seher erneut Korrekturwünsche anmeldete, zerbrach der Künstler sein Modell. Die Einflussnahme Joseph Barbedettes habe unter künstlerischen Rücksichten zu einer Ansammlung von Falschheiten geführt.[458] Die Herstellung eines ‚wahren Bildes' scheiterte, weil Joseph Barbedette das Kriterium für bildliche Wahrheit am Modell des „Phantombildes" ausrichtete, und weil Joseph Vallet nicht bereit war, das künstlerisch für richtig Erachtete zu verleugnen. Beide, der Seher und der Künstler, vertraten moderne Positionen.

Abb. 129, 130 Vallet, Joseph, Notre-Dame de Pontmain, 1904 geweiht, Pontmain, Basilique Notre-Dame, Chapelle de la Vierge

Ihre Kooperation war notwendig zum Scheitern verurteilt. Die Skulptur aus Carrara-Marmor, die Vallet schlussendlich lieferte und die heute in der Chapelle de la Vierge in der Basilika von Pontmain aufgestellt ist und verehrt wird, wurde von Joseph Barbedette denn auch entschieden abgelehnt (Abb. 129, 130).[459]

Vallets Statue hält das rote Kruzifix vor der Brust, fasst es aber nur mit den Fingerspitzen, was fraglos eleganter aussieht als das derbere beidhändige Fassen der Statue auf der „Colonne d'apparition" und auf einer der ältesten bildlichen Darstellung dieser Phase der Erscheinung. Sie trägt die von den Kindern beschriebene goldene Krone mit dem eingelegten roten Faden; diese ist aber niedriger und damit einer ‚normalen' Krone näher. Bekleidet ist sie mit dem von Sternen übersäten Kleid, doch das Kleid ist nicht blau und die Sterne nicht golden. Selbstverständlich verzichtete der Nanter Bildhauer auch darauf, Haare und Schleier dunkel zu färben und Gesicht und Händen Fleischfarbe zu geben. Für Vallet kam es nicht in Frage, das schöne Weiß des Carrara-Marmors zu übermalen. Die Lebendigkeit, die Vallet seiner Statue mitteilen wollte, war nicht die Lebendigkeit der Erscheinung, sondern die Lebendigkeit eines Kunstwerks. „Dieser wie durchscheinende Marmor macht das Bild Unserer Lieben Frau von Pontmain sozusagen lebendig."[460] (Roulleaux)

Der Streit um die Repräsentation der Erscheinung vom 17. Januar 1871 in Pontmain ist insgesamt symptomatisch für das Phänomen der intentional wahren Bilder der Marienerscheinungen des 19. Jahrhunderts in Frankreich. Obwohl oder gerade weil solche intentional wahren Bilder jetzt einerseits verifizierbar/falsifizierbar, andererseits Kunstwerke (und auf dem Niveau der Saint-Sulpice-Bilder jedenfalls Produkte der Kunstindustrie) sein sollten, mussten diese intentional wahren Bilder mit einiger Notwendigkeit sich als falsche Bilder erweisen. Die Schönheit der Erscheinung war mit der Schönheit der Kunst nicht kompatibel.

Die Konkurrenz der Bilder – des Typus der „Wundertätigen Medaille" mit dem von Fabisch materialisierten Typus der 16. Erscheinung in Lourdes – wurde in Pontmain zwar ihrerseits durch einen neuen Typus bereichert, doch von den hergebrachten Typen blieb in Pontmain am ehesten der Typus der „Wundertätigen Medaille" wirksam. Der Typus (erster Ordnung), den die „Wundertätige Medaille" mit den zum Willkomm ausgebreiteten Armen adaptiert hatte, bestimmte Anfang und Ende dieser vierten spektakulären und kirchlich anerkannten Marienerscheinung im Frankreich des 19. Jahrhunderts, und auch die als (Bild)Rahmen fungierende Aureole hat eine mögliche Voraussetzung im Marienbild der Medaille. Diese ikonographische Voraussetzung war präsent; sie war den Sehern, den Gläubigen und den distanzierteren Beobachtern präsent: Bei der Befragung der Kinder am 19. Januar erinnerten sich Eugène Barbedette und Jeanne-Marie Lebossé bei der Schilderung ihrer Visionen an Bilder der „Unbefleckten Empfängnis".[461] Ein anonymer Autor (vermutlich Mme Bezeau), der/die angeblich seinen/ihren Text von den Sehern hat korrigieren lassen, identifizierte die Haltung der Jungfrau während der ersten Phase der Erscheinung ebenfalls als die der „Unbefleckten Empfängnis".[462] Explizit wurde diese Haltung an späterer Stelle mit der „Wundertätigen Medaille" verglichen.[463]

Abb. 131 Vierge du Sourire, Lisieux, Basilika

Epilog
I. Die „Vierge du sourire"

Der von Bouchardons Silbermadonna popularisierte Marienbildtypus vermehrte sich vermittelt über Chioselat-Galliens verkleinerte Kopie in zahlreichen Gipskopien. Montalembert hatte diese inflationäre Verbreitung des Bouchardon-Typus insbesondere deswegen beklagt, weil er bereits dem Original mangelndes religiöses Sentiment vorgeworfen hatte.[464] Die „alberne" Geste (Montalembert) der ausgebreiteten Arme der Silbermadonna Bouchardons war eine mächtige Geste gewesen und ihre Macht zeugte sich über die billigen Nachbildungen weiter. Inbesondere eine stieg, wie oben bereits angedeutet, in den Rang eines neuen mächtigen Bildes auf. Eine Frau aus Alençon hatte Louis Martin die Gipsfigur geschenkt (Abb. 131, 132).[465] Er verehrte sie in einem für das Gebet reservierten achteckigen Turm auf seinem 1857 erworbenen Landgut.[466] Nach seiner Eheschließung wurde die Figur zum Zentrum der familiären Frömmigkeit. Louis Martins Gattin Zélie fühlte sich zweimal von der Statue angesprochen und erfuhr Gnadenbeweise „von denen allein ich weiß".[467] Sie weigerte sich denn auch, dem Wunsch ihrer Töchter Marie und Pauline nachzugeben, die Gipsfigur durch eine schönere und handlichere kleinere zu ersetzen.[468] Die Jüngste der Familie, Thérèse Martin, die spätere hl. Therese von Lisieux, erlebte vor dieser häuslichen Marienfigur eine Vision. Sie machte diese Erfahrung 1883 während einer Krankheit, die sie nach dem Eintritt ihrer Schwester Pauline in das Kloster der Karmeliterinnen in Lisieux durchlitt, die von ihr und ihrer Familie als todbringend beurteilt und von Therese der Rache des Teufels wegen der Entscheidung Paulines für das geistliche Leben zugeschrieben wurde.[469]

In höchster Not – es war Pfingstmontag, der 13. Mai 1883 – betete die Kranke zu der von der Gipsfigur repräsentierten Maria. Die Statue schien lebendig zu werden:

„Mit einem Mal erschien mir die Hl. Jungfrau schön, schöner als als alles, was ich jemals gesehen habe; ihr Gesicht strahlte eine solche Güte und eine unauslöschliche Zärtlichkeit aus, doch das, was mich bis in den Grund meiner Seele durchdrang, war das hinreißende Lächeln der Heiligen Jungfrau. Von da an, waren meine Schmerzen weg (…). (D)ie hl. Jungfrau hat mich geheilt, wie bin ich glücklich".[470]

Wie in Ekstase sei Therese gewesen, überlieferte die ältere Schwester Marie, die bei dem Vorgang zugegen gewesen war. „Mir vertraute sie an, sie habe die Heilige Jungfrau selbst gesehen. 4 bis 5 Minuten dauerte die Vision".[471] Im Karmelitinnenkloster, wo Marie die Nachricht von der wunderbaren Heilung ihrer Schwester verbreitet hatte, befragte man Therese eindringlich nach dem Aussehen der Erscheinung. Ob Maria das Jesuskind bei sich gehabt habe, ob von der Erscheinung Licht ausgegangen sei[472] – Fragen, die vermutlich darauf hinausgingen, die Beziehung zur Strahlenmadonna der Medaille abzuklären. Therese entzog sich: Nur auf das Gesicht und auf das Lächeln habe sie geachtet und ansonsten: „Die Heilige Jungfrau schien mir sehr schön zu sein".[473] Die Verweigerung einer präzisen Augenzeugenaussage, die Maximin, Mélanie, Bernadette und die Kinder von Pontmain so bereitwillig

Abb. 132 Vierge du Sourire (Detail), Lisieux, Basilika

Abb. 133 Vorraum von Thereses Zelle im Kloster der Karmelitinnen in Lisieux

gemacht hatten, enttäuschte die Klosterschwestern.[474] Ihre Heilung schrieb sie der häuslichen Statuette jedenfalls nicht direkt zu. Dafür machte sie die Pariser Kirche „Notre-Dame des Victoires" und ihr Gnadenbild verantwortlich (Abb. 39), für die der Vater Messen für die Heilung der Tochter gestiftet hatte. „Es bedurfte eines Wunders, und es war Notre-Dame des Victoires, die es bewirkte."[475]

Das Zusammenwirken heiliger Orte und heiliger Bilder mit dem mächtigen Bild in Notre-Dame des Victoires zum Zweck von Bekehrungen und Heilungen ist nicht ungewöhnlich. Im Falle des Sozialisten Louis X. (Pseudonym), dessen Geschichte im gleichen Jahr 1883 publiziert wurde, in dem Therese ihre schwere Krankheit durchlitt und geheilt wurde, waren es drei heilige Bilder/Orte, außerdem noch der Pfarrer von Ars, die kooperierten. Seit seiner Kindheit trug Louis X. eine von Jean-Marie Vianney gesegnete „Wundertätige Medaille". Sie war es, die die Schritte des an Tuberkulose Erkrankten in die Kirche Notre-Dame des Victoires und vor das Gnadenbild im rechten Querhaus dieser Kirche lenkte. Vor dem Bild gelobt er im Falle einer Heilung und im Falle der Bekehrung eines atheistischen Freundes, dass er in einem Kloster sich ganz Gott weihen werde. Bei der Kommunion fühlte er sich zunächst elend – eine Krise, die von dem Gefühl großer Ruhe abgelöst wurde. Anschließend fuhr Louis X. nach Lourdes, trank aus der Quelle und war geheilt.[476] Die Heilung wiederum bewegte den Freund zur Konversion.[477]

Die Gipskopie der Kopie nach Bouchardons zerstörter Silbermadonna begleitete Therese von Lisieux bis an ihr (frühes) Lebensende. Thereses Schwester Céline ließ die Figur nach dem Tod des Vaters und dem Verkauf von Les Buissonets 1894 in den Karmel von Lisieux brin-

Abb. 134 Fautrier, Jean, Otage, 1944, Museum Insel Hombroich
Abb. 135 Fautrier, Jean, Tête d'Otage, 1944, Museum Insel Hombroich

gen,[478] wo sie Januar 1895 im Vorraum von Thereses Zelle Austellung fand (Abb. 133).[479] Vor dieser Figur bat Therese Maria darum, ihr bei der Niederschrift der „Histoire d'une Âme" die Hand zu führen;[480] diese Figur war in ihrer Nähe, in den Wochen, in denen sie auf den Tod wartete.[481] Wenig mehr als eine Stunde vor dem Exitus betrachtete sie die Statue lange.[482] Über den Tod hinaus blieb die billige Gipsfigur der hl. Therese von Lisieux verbunden. Sie bekrönt heute den Altar über dem Glassarkophag mit den mumifizierten Überresten der Heiligen.

Der Weg von Bouchardons Silbermadonna in Saint-Sulpice bzw. der verkleinerten Kopie Chioselat-Galliens führte nicht direkt zu Thereses „Notre-Dame de Sourire". Therese deutete die komplexere Genealogie an, als sie von der „statue miraculeuse" schrieb, die zweimal zu ihrer Mutter gesprochen habe und zu der die kranke „kleine Blume" Therese in der Not ihre vom Verwelken bedrohte Blüte so oft hinneigte.[483] So waren es auch hier nicht allein die Quelle von Lourdes und die zwei Bilder – das im Schlafzimmer des kranken Kindes und das in Notre-Dame des Victoires –, die 1883 bei der Heilung Thereses mitgetan hatten. Der Weg führte durch das Marienbild der „Wundertätigen Medaille" hindurch.

II. „Notre-Dame des Otages"

1942 entdeckte Jean Fautrier eine neue Maltechnik für sich. Auf Papier, das auf Leinwand aufgeleimt wurde, trug Fautrier Spachtelmasse auf, die sich nur ungefähr an der Vorzeichnung auf dem Bildträger orientierte. Farbpigmente wurden der Paste unterlegt und zwischen die einzelnen Schichten des „empâtement" und auf die oberste Schicht verteilt. Wie die vom Kalkputz verdeckte Unterzeichnung in der Freskomalerei auf der Oberfläche wiederholt werden muss, so wiederholte und variierte Fautrier die auf dem Bildträger angegebene Zeichnung auf der Oberfläche der plastischen Farbmasse, bereichert durch Einritzungen.[484] Ende des selben Jahr 1942 oder 1943 begann Fautrier mit der Serie der „Otages" (Geiseln) (Abb. 134, 135).[485] Das Wissen um die von der deutschen Besatzungsmacht durchgeführten Exekutionen gefangen genommener Widerstandskämpfer oder auch nur willkürlich genommener Geiseln gab den Anstoß. Die Motivation verstärkte sich, als Fautrier nach Inhaftierung durch die Gestapo, Freilassung und zeitweiligem Aufenthalt nahe Chamonix 1943 ein Atelier in einer Zweigstelle einer Klinik für psychisch Kranke im ländlichen Châteney-Malabry bezog. Im nahegelegenen Wald füsilierten die nationalsozialistischen Besatzer regelmäßig am Morgen die mit Lastwagen Herangekarrten.[486]

Von der traditionellen Relation von Zeichnung und Farbe, von Darstellungsmitteln und Darstellungsgegenstand kehren sich diese zu plastischen Massen aufgespachtelten ‚Farbkörper' ab. Werke dieser Werkphase beanspruchen in der kunstgeschichtlichen Erzählung von der Evolution der Avantgarde einen hohen Stellenwert: Sie gelten manchen Autoren als Vorwegnahmen des ersten internationalen Stils der Nachkriegszeit,[487] als „Archetypen" des Informel.[488] Anders als radikal gegenstandsfreie Positionen des späteren Informel, von denen Fautrier sich dezidiert abgrenzte,[489] referiert Fautriers „Informel" weiterhin auf eine außerbildliche Realität. „Die Wirklichkeit gibt es nicht nur, man darf sie (als Künstler, HK) auch keinesfalls schlicht und einfach zurückweisen", betonte Fautrier 1957 im Kontext einer Umfrage. Das „Erscheinungsbild" bestehe im ausgeführten Werke weiter, wenn auch als vom „Temperament des Künstlers" verwandeltes und „in einem minderen Grade".[490] Deshalb dämmern, wenn auch undeutlich und mit Tendenz zur Ambivalenz, aus den Farbklumpen die Körper (ohne Gliedmaßen bzw. mit mutilierten Gliedmaßen) oder die Köpfe der Geiseln auf. Dass Fautrier im Kontext dieser Stellungnahme einflocht, die Persistenz des „Erscheinungsbildes" bleibe gegeben, selbst wenn sich das Bild des Künstlers als wahrer erweisen sollte „als die Realität selbst",[491] entspricht dem Selbstverständnis der Moderne, befremdet in diesem Fall aber doch. Weshalb sollten das Leid der Geiseln (in der Realität) und ihre geschundenen Körper weniger wahr sein als ein Bild? Es ist ein grundsätzliches Problem: Kunst verwandelt die Realität, steigert sie, setzt ihre Wahrheit in Rivalität zur Wahrheit der Realität. Kunst stellt sich vor die Realität – verstellt sie sie damit nicht auch?

Zumindest lenkt die plastisch aufgetragene Farbmaterie die Wahrnehmung immer auch schon auf sich selbst[492] – ein entscheidender Schritt hin zur Selbstreferentialität der künstlerischen Mittel –, um doch die Spannung zum Gegenstand und damit zur repräsentativen Funktion der künstlerischen Mittel aufrecht zu erhalten. In jedem Fall muss sich der Gegenstand der Darstellung – hier die Körper der Geiseln – in dieser ästhetischen Spannungssituation behaupten; sie erscheinen nie ohne ihre Brechung im Material der Kunst. Diese Brechung konnte auch als die Realität der Kunst steigernd erfahren werden. Pierre Cabanne sah die Körper der „Geiseln" vereinigt mit

Abb. 136 Union artistique de Vaucouleurs, Notre-Dame-des-Otages, 1946 Einw., Gussfigur, Colombey-les-Deux-Églises

dem die Kadaver bedeckenden „Schlamm".⁴⁹³ Allerdings sind, was man durchaus auch subversiv lesen kann, diese plastischen Farbmassen in den Bildern Fautriers in ihrem Kolorit durchaus dekorativ, vielleicht sogar „zu exquisit" (Marcel Arland).⁴⁹⁴ Und man muss um die Bedeutung der Bilder wissen, um über die Assoziation von Körpern und Köpfen zu den von den Nationalsozialisten Hingerichteten zu kommen.

In Colombey-les-Deux-Églises, dem Ort an dem sich General de Gaulle und seine Gattin Yvonne 1934 angesiedelt hatten, steht eine Marienfigur, die die „Wundertätige Medaille" aufruft (Abb. 136). Am 24. August 1946 – Yvonne de Gaulle war anwesend –, wurde die in der Gießerei der „Union artistique de Vaucouleurs" gefertigte Statue feierlich eingeweiht. Ihr Name „Notre-Dame-des-Otages" erinnert den Anlass der Stiftung. Während der Besatzung von Colombey hatten deutsche Truppen am 19. August 1944 als Antwort auf einen Hinterhalt der Résistance, bei dem zwei deutsche Soldaten getötet wurden, 22 beliebig herausgegriffene Bürger von Colombey und einen zuvor bereits Inhaftierten als Geiseln genommen. Diese gelobten eine Marienstatue für den Fall der Befreiung.⁴⁹⁵

Fautriers „Geiseln" sind Hauptwerke der avantgardistischen Kunst des 20. Jahrhunderts. Die Marienfigur in Colombey-les-Deux-Églises bleibt demgegenüber stilistisch im Rahmen des „Style Saint-Sulpice"; die Metzer Firma gehört zusammen mit den Pariser Manufakturen Cotelle, Froc-Robert und Raffl, neben Virebent in Toulouse, der „Sainterie" Moynets in Vandeuvre-sur-Barse und neben den Konkurrenten Champneulle und Pierson in Metz⁴⁹⁶ zu den wichtigsten Unternehmen in Frankreich, die religiöse Skulptur in unterschiedlichen Materialien und Dimensionen und entsprechend abgestuften Preisen fabrikmäßig produzierten und vermarkteten. Von der ästhetischen Warte der „Geiseln" aus gegen das Votivbild der befreiten Geiseln in Colombey-les-Deux-Églises zu polemisieren fällt insofern leicht und ist zu schlicht. Gerade weil Fautriers Bilder bedeutende Kunstwerke sind, hätte ihre ästhetische ‚Kruste' – die in Hinblick auf die Technik Fautriers auch wörtlich zu nehmen ist – die Botschaft nicht nach außen dringen lassen, die die Gefangenen in ihrer Todesangst aussandten. Das kunstlose Produkt der „Union artistique de Vaucouleurs" ließ demgegenüber den Dank der Geretteten ungebrochenen bei der Adressatin ankommen, und diese Adressatin ist einmal mehr die auf die Schlange tretende „Immaculata" mit den ausgebreiteten und gesenkten Armen und den gegenüber den Hilfeflehenden geöffneten Händen.

Anmerkungen

1. Aubin-Boltanski, 2012/13, 291 f.
2. Aubin-Boltanski, 2012/13, 292.
3. Gaulle, 1873, 91 f.
4. Bonnel, 1884, 190.
5. http://lalumierededieu.eklablog.com/pontmain-la-grange-p728252 (zuletzt geöffnet am 11.2.2017)
6. Aubin-Boltanski, 2012/13, 303 f.
7. „Ici son visage est plus beau. On dirait qu'elle veut parler comme une vraie personne." Aubin-Boltanski, 2012/13, 298.
8. Roulleaux, 1924, 117.
9. Aubin-Boltanski, 2012/13, 310.
10. Didi-Huberman, 1999.
11. Bredekamp, 2015, 319 und passim.
12. Knappe Überblicke geben Krasny, 2009 und Malgouyres, 2011.
13. Mitchell, 2012, 25.
14. „Vous n'en serez pas fâché. Ce ne sera nullement une critique de votre oeuvre, mais cela vous donnera une nouvelle preuve de la vérité de l'apparition." Zit. n. Billet, VII, 1966, 309 f, Vgl. Peintres de l'âme, 1981, 78.
15. Denz, 2011, 797.
16. Zola, 1987.
17. Stengers, 2016, v. a. 313 ff., (dt. Übers. v. Stengers, 2006, 195–226), Nathan, 2001. Zusammenfassend: Harrasser/Solhdju (www.academia.edu/30417822/wirksamkeit–verpflichtet_Herausforderungen_einer_Ökologie_der_Praktiken (zuletzt geöffnet 20. 1. 2017)
18. Harrasser/Solhdju (www.academia.edu/30417822/wirksamkeit–verpflichtet_Herausforderungen_einer_Ökologie_der_Praktiken (zuletzt geöffnet 20. 1. 2017)
19. http://www.a-tempo.de/article.php?i=201609&c=5 (zuletzt geöffnet:11. 9. 2016)
20. Zu den Datierungsproblemen der Erscheinungen Laurentin/Roche, 1976, 71 ff., Poole, 1999, 263 f.
21. Laurentin/Roche, 1976, 183, 201 f.
22. Laurentin/Roche, 1976, 183, 220, Muizon, 2008, 138.
23. Laurentin/Roche, 1976, 183, 199 f.
24. Laurentin/Roche, 1976, 190, Poole, 1999, 260 ff.
25. Laurentin, 1983, 94, https://fr.wikipedia.org/wiki/Médaille_miraculeuse (zuletzt geöffnet: 2.7.2016)
26. Nicht ausgeschlossen ist, dass Erscheinungen auch in Reuilly stattfanden, wo Cathérine Labouré seit Februar 1831 als Pflegerin von Alten und von Rekonvaleszenten tätig war. Laurentin/Roche, 1976, 75.
27. https://de.wikipedia.org/wiki/Wundertätige_Medaille, https://de.wikipedia.org/wiki/Catherine_Labouré#cite_note-2, https://fr.wikipedia.org/wiki/Catherine_Labouré (zuletzt geöffnet: 2.7.2016) Erstaunlicherweise war es ein Vizentiner, Pierre Coste, der aufgrund der Widersprüche in Cathérine Labourés Visionsberichten, und wegen des seiner Auffassung nach wenig heiligmäßigen Lebens der (angeblichen) Seherin sich gegen die Selig- und spätere Heiligsprechung stellte. Dazu ausführlich. Poole, 1999.
28. Das folgende zusammengefasst nach Guitton, 1979, 87 ff. Zusammengestellt sind die Quellen bei Laurentin, 2,1, 1991, 37 ff., Laurentin, 2, 2, 1991, 44 ff., 98 ff.
29. „Je promenais, machinalement, mes regards autour de moi, sans m'arrêter à aucune pensée; je me souviens seulement d'un chien noir qui sautait et bondissait devant mes pas. ... Bientôt ce chien disparu, l'église tout entière disparut, je ne vis plus rien ... ou plutôt, ô mon Dieu! Je vis une seule chose!!! Comment serait il possible d'en parler? Oh! no, la parole humaine ne doit point essayer d'exprimer ce qui est inexprimable; toute description, quelque sublime qu'elle puisse être, ne serait qu'une profanation de l'ineffable vérité. J'étais là, prosterné, baigné dans mes larmes, le coeur hors de moi-même, quand M. de Bussière me rappela à la vie. Je ne pouvais répondre à ses questions précipitées; mais enfin je saisis la médaille que j'avais laissée sur ma poitrine; je baisai avec effusion l'image de la Vierge rayonnante de grâce ... Oh! c'était bien elle!" Zit. n. Guitton, 1964, 63 f. Dt. Übers. unter Verwendung von James, 1907, 213, Laurentin, 2,1, 1991, 82 ff., Laurentin, 2,2, 1991, 104 ff.
30. Laurentin, 2,1,1991, 131 ff., Laurentin, 2,2, 1991, 202 ff.
31. Kurz zusammengefasst in: https://de.wikipedia.org/wiki/Alphonse_Ratisbonne (zuletzt geöffnet: 4. 9. 2016)
32. Bussière, 1998, 24 ff., Laurentin/Roche,, 1976, 301–313. „Alors Ratisbonne tire sa médaille, l'embrasse, nous la montre, et s'écrie: ‚Je l'ai vue, je l'ai vue!" Zit. n. Bussière, 1998, 26.
33. „Monsieur, dit-il à Ratisbonne, vous avez donc vu, et dites-moi

	comment était l'Image de la Sainte-Vierge? – L'Image, Monsieur, s'écria aussitôt Alphons, l'image, mais je l'ai vue en réalité, en personne, comme je vous vois là!" Laurentin/Roche, 1976, 311 f., Laurentin, 1991, 2,1, 118, Laurentin, 2,2, 1991, 150.	57	Fournée, 1990, Sp. 338.
		58	Stratton, 1994, 76.
		59	Seifert, 2013, 174 f.
		60	Vloberg, 1958, zu Taf. XXIV.
		61	Vloberg, 1959, zu Taf. XXIII.
34	Hagen, 1842, 21, Laurentin, 2,1, 1991, 73 ff., Laurentin, 2,2, 1991, 89 ff.	62	Seifert, 2013, 417 f.
		63	Traduction illustrée, 1868, 6. http://www.santiebeati.it/dettaglio/94745 (zuletzt geöffnet: 12.3.2017)
35	Aladel, 1880, 96, Seifert, 2013, 259, https://en.wikipedia.org/wiki/Adrien_Vachette (zuletzt geöffnet: 2.7.2016)		
		64	Vgl. zum folgenden Träger, 1997, 200 ff..
36	http://www.chapellenotredamedelamedaillemiraculeuse.com/apparitions-et-medaille/medaille-miraculeuse/histoire-de-la-medaille/ (zuletzt geöffnet: 31.7.2016)	65	https://it.wikipedia.org/wiki/Cappella_Vespucci (zuletzt geöffnet: 8.11.2016)
		66	Castaldi, 2011, 257 ff.
		67	Castaldi, 2011, 280.
37	Aladel, 1880, 96, Laurentin/Roche, 1976, 247 f.	68	„larghissima liberalità". Teofilo il minore, 1724, 31.
38	Brückner, 2003, 50.	69	„Vna pura misericordia (…) vn ardentissimo amore di far bene ad ognuno". Teofilo il minore, 1724, 81.
39	Magnien, 1952, 9 f.		
40	Laurentin/Roche, 1976, 251 f.	70	Teofilo il minore, 1724, 81.
41	„(…) almeno 200 medaglie della nota Madonna della Concezione (…). Se fossero anche 300 sarebbe meglio". Zit. n. Seifert, 2013, 179.	71	Teofilo il minore, 1724, 81. Teofilo il minore, 1724, 83.
		72	„quelle mani stese, non sono che per far gratie". Teofilo il minore, 1724, 183
42	Seifert, 2013, 259.	73	„La mano (…) è uno de' principali instrumenti, che dall'autore della natura sia stato conceduto all'uomo. (…) Ed è si fedele esecutrice degli affetti dell'anima, che in ciò gareggia tale colla lingua, e la vince." Alberti, 1737, 47.
43	Seifert, 2013, 259, Muizon, 2008, 193.		
44	Seifert, 2013, 260.		
45	Histoire de la médaille, 2004, o. S.		
46	Mitchell, 2012, 167.		
47	Mitchell, 2012, 167.	74	Teofilo, 1724, Alberti, 1737, 13, Picconi, 1760, 46.
48	Benjamin, 1973, 18.	75	Teofilo, 1724, 5 f, Alberti, 1737, 24 ff., Picconi, 1760, 47 f. (Bei Alberti, 1737, 27: „Misericordia, o Figlio, e non giustizia". Bei Picconi, 1760, 48: „Misericordia, e non giustizia").
49	Belting, 2005, 26 f.		
50	Ausführlicher zur Ikonographie der „Unbefleckten Empfängnis": Künstle, I, 1928, 646 ff., Schiller, 4,2, 1980, 154 ff., Fournée, 1990, Sp. 338 ff., Lechner, 1994, 527 ff.		
		76	Scovazzi/Noberasco, 1930, 108 f.
		77	https://it.wikipedia.org/wiki/Santuario_di_Nostra_Signora_della_Misericordia_(Savona) (zuletzt geöffnet: 31.10.2016)
51	Das Neue Testament, 1946, 519. „et signum magnum paruit in coelo / mulier amicta sole et luna sub pedibus eius / et in capite eius corona stellarum duodecim". Biblia sacra, 1994, 1893.		
		78	Picconi, 1760, 68, https://it.wikipedia.org/wiki/Santuario_di_Nostra_Signora_della_Misericordia_(Savona) (zuletzt geöffnet: 31.10.2016)
52	Anselm, Thomas, zit. n. http://prometheus.uni-koeln.de/pandora/image/show/stabi-9139ca87615c17285c0d3fd1322d395c9f8e3bfa (zuletzt geöffnet: 1.8.2016)		
		79	Picconi, 1760, 235 ff.
		80	Clapier, 2013, 24 ff.
53	Das Neue Testament, 1946, 519. „et in utero habens et clamat parturiens et cruciatur ut pariat". Biblia sacra, 1994, 1893.	81	https://fr.wikipedia.org/wiki/Frère_Fiacre (zuletzt geöffnet: 22.11.2016)
54	Dazu v. a. Fournée, 1990, Sp. 338 ff., Lüdicke-Kaute, 1990, Sp. 29.	82	Balthasar, 1855, 21.
		83	Piganiol de la Force, III, 1765, 99, Balthasar, 1855, 26, Lambert/Buirette, 1872, 59.
55	Dazu v. a. Fournée, 1990, Sp. 342.		
56	Sebastian, 1958, 264 ff., Laurentin, 1958, 305. Vgl. Warner, 1990, 245, 387.		

84 Sainte-Claire, 1722, 221 f., Picconi, 1760, 274 f., Lambert/Buirette, 1872, 59.
85 Sainte-Claire, 1722, 318.
86 Lambert/Buirette, 1872, 59.
87 Balthasar, 1855, 26 f., Lambert/Buirette, 1872, 60 f.
88 Lambert/Buirette, 1872, 187.
89 Bouillet, 1904, 5 f.
90 Dumax, 1881, 73 f., Bouillet, 1904, 16.
91 Dazu Clapier, 2013, passim.
92 Balthasar, 1855, 56 f.
93 Polistena, 2012, 5 (http://www.19thc-artworldwide.org/summer12/joyce-polistena-the-image-of-mary-of-the-miraculous-medal (zuletzt geöffnet: 25.8.2016)
94 Aladel, 1880, 64, Engelbert, 1948, 11, Langlois, 2000, 29.
95 Roserot, 1910, 33 f. Hierzu und zum folgenden v. a.: http://www.africamission-mafr.org/Statue_Notre_Dame_d_Afrique.htm (zuletzt geöffnet: 1.8.2019)
96 http://www.therese-de-lisieux.catholique.fr/La-Vierge-du-Sourire.html (zuletzt geöffnet: 10.10.2016)
97 Caylus, 1762, 46 f.
98 Lemesle, 1931, 36, Scherf, 2016, 319.
99 Dezallier d'Argenville, 1752, 328.
100 „un pur objet d'art". Tarbé, 1859, 65.
101 Mercure de France, 1744, 2256.
102 Scherf, 2016, 318.
103 „cette horrible Vierge du dernier siècle". Montalembert, 1861, 199.
104 „l'on retrouve dans toutes les écoles, dans tous les couvents, dans tous les presbytères". Montalembert, 1861, 199.
105 Vloberg, 1958, 472 f. Cunneen, 1996, 246.
106 http://www.africamission-mafr.org/Statue_Notre_Dame_d_Afrique.htm (zuletzt geöffnet: 2.8.2016)
107 Inventaire gènèrale, Paris, II, 1888, 11, Boinet, 1964, 221, Merlet (www.ndbm.fr/histoire-culture/visite-eglise/ (zuletzt geöffnet: 16.03.2017)
108 Jacobus de Voragine, 1963, 518.
109 https://de.wikipedia.org/wiki/Pius_VII. (zuletzt geöffnet: 22.11.2016)
110 Scovazzi/Noberasco, 1930, 156, http://www.wikiwand.com/it/Santuario_di_Nostra_Signora_della_Misericordia_(Savona) (zuletzt geöffnet: 8.11.2016)
111 https://www.heiligenlexikon.de/BiographienM/Maria_Auxilium.html (zuletzt geöffnet: 15.11.2016), https://de.wikipedia.org/wiki/Maria,_Hilfe_der_Christen (zuletzt geöffnet: 15.11.2016).
112 Laurentin/Roche, 1976, 111, Guitton, 1979, 31.
113 Laurentin, 1983, 21.
114 Den Schluss zog Per Beskow in einem Regensburger Vortrag von 1984. Brückner, 2003, 41.
115 Bouillard, 1852, 21 ff.
116 Locard, o. J., 4.
117 Bouillard, 1852, 39.
118 „(…) la statue de la Ste Vierge, colossale et dorée dont l'éclat rayonnerait aux quatre points cardinaux (…)". Zit n. Les peintres de l'âme, 1981, 75.
119 Cour de Cassation, 1854, o. S.
120 Cour de Cassation, 1854, o. S. Es ist also nicht so, dass Fabisch selbst durch verstärktes Heranziehen der Mithilfe von „praticiens" die Authentizität seines Werks untergraben hätte, wie der Katalog der Ausstellung „Les peintres de l'âme" annimmt. Les peintres de l'âme, 1981, 74.
121 Cour de Cassation, 1854, o. S.
122 Cour de Cassation, 1854, o. S.
123 Cour de Cassation, 1854, o. S.
124 Cour de Cassation, 1854, o. S.
125 Cour de Cassation, 1854, o. S.
126 Schnell, 1972, 20, Lieb, o. J., 11.
127 Klemenz, 2005, 22.
128 James, 1907, 212.
129 Im Kloster dürfte es allerdings ein offenes Geheimnis gewesen sein. Poole, 1999, 284 ff.
130 „(…) les pierd appuyez sur une boulle, cest à dire, une Moitier de boulle ou ou du Moin il ma paru que la moitier et puis tenent une boulle dans ses Mains qui représentoit le Globe elle tenois les Mains Elevée a la auteur de l'extornac. (…) et puis tout a cout j'ai apercue des annaux à ces dois Revetue de pierrie plus belles les une que les autres". Laurentin/Roche, 1976, 292 f.
131 Laurentin/Roche, 1976, 293–295.
132 „(…) faites frapée une Médaille sur ce Modelle; toutes les personnes qui la porteron recevron de Grande Grace en la portans au cou". Laurentin/Roche, 1976, 295.
133 Laurentin/Roche, 1976, 295 f.
134 Laurentin, 1983, 212.
135 Umgehen ließe sich das Problem, wenn man den von Catherine

Labouré gesehenen halben Globus als missverstandene Mondsichel deuten würde.
136 Laurentin / Roche, 1976, 78.
137 Cuylen, 1952, 67.
138 Laurentin / Roche, 1976, 358 ff., Poole, 1999, 283. Diese, die Konkurrenz der Bilder entschärfende, ausweichende Rekonstruktion der Vision der Cathérine Labouré findet sich auch in der nicht neueren nicht-apologetischen Literatur: Cunneen, 1996, 232.
139 Aladel, 1880, 83 f.
140 Wie Pierre Coste festhielt, verstrickte sich Cathérine Labouré bei dem Gespräch mit Oberin Dufès in Widersprüche. Poole, 1999, 281 f.
141 Huysmans, 2016, S. 1323.
142 Laurentin / Roche, 1976, 345 f.
143 Laurentin / Roche, 1976, 84.
144 Laurentin, 1983, 216.
145 Laurentin, 1983, 216.
146 Laurentin / Roche, 1976, 84.
147 „Oh ma bonne soeur Catherine (…), les habitants de la terre ne peuvent pas rendre ce qu'ils n'ont pas vu." Zit. n. Laurentin/ Roche, 1976, 84.
148 Laurentin, 1983, 215.
149 Laurentin, 1983, 214, http://www.chapellenotredamedelamedaillemiraculeuse.com/200-ans-la-chapelle-en-details/ (zuletzt geöffnet: 2.8.2016)
150 http://www.chapellenotredamedelamedaillemiraculeuse.com/200-ans-la-chapelle-en-details/ (zuletzt geöffnet: 2.18.2016)
151 Laurentin, 1983, 85.
152 Crépey, 2012, 11.
153 Hauchecorne, 1934, 161.
154 Laurentin, 1983, 162.
155 Chaline, 2011, 290, Chapelle Notre-Dame de la Médaille Miraculeuse. Chapelle en détails (http://www.chapellenotredamedelamedaillemiraculeuse.com/200-ans-la-chapelle-en-details/ (zuletzt geöffnet: 2.18.2016)
156 http://www.sanfrancescodipaola.biz/Madonna%20del%20Miracolo/Il%20Culto%20a%20Pizzo.htm (zuletzt geöffnet: 16.9.2016)
157 http://confraternitadelcarmine.blogspot.de/2014/01/la-madonna-del-miracolo.html / http://www.tv2000.it/blog/2016/01/18/santandrea-delle-fratte-e-la-madonna-del-miracolo (zuletzt geöffnet: 16.9.2016)
158 Aladel, 1880, 404 f., Englebert, 1948, 50 ff., https://en.wikipedia.org/wiki/Our_Lady_of_Pellevoisin (zuletzt geöffnet: 30.11.2016)
159 „La Maçonnerie secourant l'humanité".
160 „D'elle vient la lumière". http://tamrin.proboards.com/thread/433/masonry-helping-humanity (zuletzt geöffnet 16.8.2016)
161 Heller, 1996, 7.
162 Stern, I, 1980, 302.
163 „Si mon peuple de veut pas se soumettre, je suis forcée de laisser aller la main de mon fils. Elle est si forte, si pesante que je ne peux plus la maintenir.; depuis le temps que je souffre pour vous autres!". Zit. n. Stern, I, 1980, 37.
164 Nach Rousselots gedrucktem Bericht an den Bischof von Grenoble zusammengefasst von Jean Stern. Stern, I, 1980, 36–39.
165 Stern, II, 1984, 258.
166 „une belle dame". Zit. n. Stern, II, 1984, 257.
167 „(E)lle avait quelque chose de bien plus beau." Zit. n. Stern, II, 1984, 258.
168 Stern, I, 1980, 89.
169 Stern, I, 1980, 291.
170 Stern, I, 1980, 89, 289, 296, 302, 328. Stern, II, 1984, 329.
171 Stern, I, 1980, u. a. 135.
172 Stern, I, 1980, 116.
173 Vgl. Ströter-Bender, 1992, 220f.
174 Allg. zum Trend der Entfärbung bei den Gnadenbildern des 19. Jahrhunderts: Brückner, 2003, 38.
175 Hierzu und zum folgenden vor allem Stern, I, 1980, 76 f.
176 Stern, I, 1980, 76 f. Befragt von Abbé Lagier erinnerten Mélanie und Maximin unabhängig voneinander sich allerdings an rostrote Strümpfe. Stern, I, 1980, 293, 328.
177 Der Brief ist nur in unterschiedlichen Abschriften überliefert. Stern, I, 1980, 76.
178 Stern, I, 1980, 88.
179 Stern, I, 1980, 81.
180 Stern, I, 1980, 92.
181 Stern, I, 1980, 102.
182 Stern, I, 1980, 294.
183 Stern, II, 1984, 259.

184 „une espèce de bonnet monté qui paraît être un diadème s'avançant un peu en avant". Zit. n. Stern, I, 1980, 134.
185 Zur Datierung Bettega, 1996, 26. Rostaing illustrierte mit der Graphik die Publikation der zweiseitigen „Détails d'un évènement extraordinaire arrivé à deux enfants sur la montagne de la Salette près Corps". Stern, II, 1984, 328.
186 Zum Datierungsproblem Stern, I, 1980, 65.
187 Stern, II, 1984, 19, 37.
188 Zu Houzelot: Stern, II, 1984, 28.
189 Stern, II, 1984, 19, 46.
190 Peintres de l'âme, 1981, 68.
191 https://de.wikipedia.org/wiki/Phantombild (zuletzt geöffnet: 30.10.2016) Zu einem neueren Plädoyer für die Phantombildzeichnung und gegen die digitale Phantombildherstellung: http://www.spiegel.de/karriere/polizei-warum-ein-phantombildzeichner-auf-handarbeit-schwoert-a-864844.html (zuletzt geöffnet: 30.10.2016)
192 Stern, I, 1980, 137.
193 Stern, I, 1980, 78.
194 Lagrée/Provost, 2000, 158.
195 Des Brûlais, Écho, 1904, 42.
196 Des Brûlais, Écho, 1904, 59 f.
197 Des Brûlais, Écho, 1904, 60.
198 „Elles brillent pas, vos paillettes!" Des Brûlais, Écho, 1904, 60.
199 Vgl. Lagrée/Provost, 2000, 158.
200 Des Brûlais, Écho, 1904, 60.
201 Des Brûlais, Écho, 1904, 61.
202 Bettega, 1996, 31.
203 Des Brûlais, Suite à Écho, 1855, 363 ff.
204 Bassette, 1965, 289.
205 Haugommard, 2015, 310 f.
206 Rousteau, 1863, 176.
207 „(…) la grave et douce majesté de marie, les lignes si pures de son visage, les larmes dont il est inondé et l'expression de tristesse répandue dans tous ses traits." Rousteau, 1863, 177.
208 https://fr.wikipedia.org/wiki/Mélanie_Calvat (zuletzt geöffnet: 7.4.2017)
209 „Soeur Marie de la Croix a paru satisfaite du travail de sa maîtresse; et moi je me trouve bien heureuse d'avoir enfin obtenu (de l'aveu de Mélanie) la représentation la plus exacte possible de la miraculeuse Apparition de Notre-Dame de la Salette." Des Brûlais, Écho, 1904, 122 f.
210 Des Brûlais, Suite à Écho, 1904, 30.
211 „Ah! voilà qui est beau! C'est cela! c'est cela! … Je voulais faire une représentation de l'Apparition quand je saurai dessiner; mais j'y renonce: celle-ci est bien et elle suffit." Des Brûlais, Suite à Écho, 1904, 50.
212 Des Brûlais, Suite à Écho, 1904, 30.
213 Anonym, 1854, 77 f.
214 Cabuchet, 1854, Titelblatt.
215 Caseau, 1942, 43 f.
216 Gobert schrieb von den „instruments de la passion". Gobert, 1854, 30.
217 Berthier/Perrin, 1878, 103.
218 Caseau, 1942, 13.
219 Gobert, 1854, 30, Anonym, 1854, 44.
220 Barthe, 1859. 28, Delachapelle, 1862, 103.
221 Delachapelle, 1862, 103.
222 Berthier/Perrin, 1878, 67, Berthier, 1898, 304.
223 „en triomphe". Berthier/Perrin, 1878, 67.
224 Gobert, 1854, 30.
225 Mont Rond, 1864, 3.
226 „je ne sache pas qu'il existe jusqu'à présent une image satisfaisante." (Van de Cruise). Zit. n. Peintres de l'âme, 1981, 68.
227 Peintres de l'âme, 1981, 68.
228 „disgracieux". Zit. n. Peintres de l'âme, 1981, 69.
229 Peintres de l'âme, 1981, 69.
230 Caseau, 1942, 15.
231 Berthier/Perrin, 1878, 163.
232 „(…) Ginouillac (…) me fût permis d'interpréter le récit des enfants quant au costume, de manière à me rapprocher autant que possible du costume traditionel de la Sainte Vierge". Fabisch, 1964, 26.
233 „L'artiste a su réunir dans son oeuvre toutes les exigences des détails fournis par l'enfant et les conditions les plus sévères de la science et de la tradition." Zit. n. Comment les contemporains, 1964, 36. Vgl. Laurentin, III, 1962, 183.
234 Malgouyres, 2011, 139.
235 Stern, II, 1984, 243.
236 „(S)ur cette miraculeuse promenade, près de la source (…) s'érigent à trois places différentes des statues de bronze. Une Vierge accoutrée de vêtements ridicules, coiffée d'une sorte de moule de pâtisserie, d'un bonnet de Mohicane, pleure, à genoux la tête entre ses mains. Puis la même femme, debout, les mains

ecclésiastiquement ramenées dans ses manches, regarde les deux enfants auxquels elle s'adresse, Maximin frisé tel qu'un caniche et tournant entre ses doigts un chapeau en forme de tourte, Mélanie engoncée dans un bonnet à ruches et accompagnée d'un toutou de presse-papier, en bronze; enfin la même personne encore, seule, se dressant sur la pointe des pieds, lève, en une allure de mélodrame, les yeux au ciel Jamais cette effroyable appétit de laideur qui déshonore maintenant l'église ne s'était plus résolument affirmé que dans cet endroit."

„(…) l'obsédante avanie de ces indignes groupes inventés par un sieur Barrême d'Angers et fondus dans les usines à locomotives du Creusot. (…) ce terrible climat (…) c'était la pelade de la nature, la lèpre des sites". Huysmans, 1898, 16. f. Dt. Übers. Huysmans, 2009, 14 f., vgl. Vircondelet, 1990, 219 f.

237 Stern, 1992, 5.
238 Inventaire général, Province, IV, 1907, 109, http://www.ancenis.fr/Rue-Henri-Hamilton-BARREME.html (zuletzt geöffnet: 29.12.2016).
239 Bertrand, o. J., 384.
240 Verdunoy, 1906, 22.
241 Carlier, 1912, 488 f., 530.
242 Toytot, 1863, 245.
243 Similien, 1869, o. S.
244 Carlier, 1912, 531 f., Similien, 1869, s. S.
245 Laroche, 1907, 63 ff., https://fr.wikipedia.org/wiki/Henri_Bouriché (zuletzt geöffnet: 5.1.2017)
246 Berthier/Perrin, 1878, 101.
247 Caseau, 1942, 19.
248 Carlier, 1912, 488 f.
249 Hierzu und zum folgenden Caseau, 1942, 17, 19. Vgl. Malgouyres, 2011, 139.
250 Histoire d'un Pèlerinage, 1996, 25.
251 Des Brûlais, Écho, 1904, 42. Diskutiert wurde dieses „Glänzende" im September 1855, als Mélanie sich im Kreis von ca. 30 Personen kritischen Fragen stellen musste. Des Brûlais, Suite à Écho, 1904, 13 f.
252 „vrais chefs-d'oeuvre de l'art chrétien". Lafond, 1872, 60.
253 Lafond, 1872, 60.
254 Berthier/Perrin, 1878, 104, Bertrand, o. J., 384.
255 „L'artiste, M. Barême (sic) d'Angers, a représenté la Vierge debout, parlant aux enfants, le visage doucement incliné vers eux, avec une ineffable expression de tristesse et d'amour." Toytot, 1863, 245.
256 Toytot, 1863, 245.
257 Maugendre, 1863, 20. Die geringfügigen Abweichungen in der Körperhaltung Mariens gegenüber der Bronzegruppe Barrêmes gehen vermutlich auf das Konto des Zeichners.
258 Toytot, 1863, 245.
259 Caseau, 1942, 38, 40.
260 Caseau, 1942, 42.
261 Similien, 1869, o. S. Similien zufolge approbierte Ginoulhiac den Auftrag an Bouriché, eine Aussage, die nicht ganz zur Deckung kommt mit Ginoulhiacs Forderung nach einer „liturgischen Jungfrau". Zu Henri Bouriché: https://fr.wikipedia.org/wiki/Henri_Bouriché (zuletzt geöffnet: 4.1.2017)
262 Caseau, 1942, 42.
263 Hierzu und zum folgenden Berthier/Perrin, 1878, 155 ff.
264 „Les bronzes noirs, si éloquents par leur attitude et leur silence, captivent l'âme et commandent la prière. Là, plus d'échos des bruits du monde, ni même des vents (…). Ce n'est plus la froide glace, on est comme dans un globe de lumière. (…) On y rêve du Ciel." Berthier/Perrin, 1878, 156.
265 „catacombes silencieuses". Berthier/Perrin, 1878, 156. Lafond überlieferte bereits 1872 den von den Missionaren von La Salette realisierten Bau einer Eiskapelle. Lafond, 1872, 66.
266 Caseau, 1942, 34.
267 Carlier, 1912, 332, Borel, 1923, 138.
268 Zu Carimini als Bildhauer, allerdings ohne Erwähnung der Marienstatue in La Salette: Tabarini, 1993, 29–43.
269 Combe, 1906, 156 ff., Bloy, 1908, 155 ff. Ab 1899 lebte Mélanie als Nachbarin Abbé Combes in Département L'Allier und vollendet dort ihre Autobiographie. Histoire d'un pèlerinage, 1996, 14.
270 Combe, 1906, 170.
271 Combe, 1906, 156 f., 162.
272 Combe, 1906, 157 f. „Vierge de la vision de Mgr. Fava". Combe, 1906, 157.
273 „Mais non! mais non! Monsieur; ça ne peut pas être Notre-Dame de la Salette! Elle n'a rien qui lui ressemble." Combe, 1906, 170.
274 Combe, 1906, 170.
275 Caseau, 1942, 42.

276 Combe, 1906, 171.
277 Carlier, 1912, 520, Borel, 1923, 140.
278 Combe, 1906, 172.
279 „La statue du faux couronnement ne fera jamais de miracle." Combe, 1906, 172.
280 Pacifique, 1902, 25.
281 Anonym, 1881, 390.
282 Carlier, 1912, 532.
283 „un chef-d'oeuvre complet". Anonym, 1889, 391.
284 http://museefabre.montpellier3m.fr (zuletzt geöffnet: 12.4.2017)
285 Albert-Llorca, 1992, 182.
286 Laurentin / Billet / Galland, V, 1959, 143.
287 U. a. Corbin, 1862, 8, Boissarie, 1909, 394.
288 Billet, Statues, 1964, 3.
289 Billet, Statues, 1964, 3. Drei weitere Gipsmarien waren an anderen Stellen der Grotte aufgestellt. Billet, Statues, 1964, 3.
290 Billet, VII, 1966, 259, 274.
291 Foucart, 1987, 35, 43 ff.
292 Locard, 1886, 3,
293 „(…) une statue de marbre représentant d'une manière aussi exacte que possible l'habillement et la pose de Marie Immaculée au moment de l'apparition." Zit. n. Billet, VII, 1966, 258.
294 Zit. n. Peintres de l'âme, 1981, 77.
295 Billet, VII, 1966, 278–280. Eine zweite Fassung schrieb Fabisch 1878 nieder (mit hinsichtlich des Rechtfertigungsdrucks, dem sich Fabisch ausgesetzt sah, signifikanten Änderungen). Fabisch, 1964, 27 ff., Vgl. Laurentin, III, 1962, 150 f.
296 Billet, VII, 1966, 48, Ricard, 1894, 95, Peintres de l'âme, 1981, 78.
297 Fabisch, 1964, 33, Trochu, 1953, 338, Peintres de l'âme, 1981, 76, 79.
298 Billet, VII, 1966, 346 f.
299 „Il nous semble qu'elle est encore ici et que nous la voyons comme la voyait Bernadette (…) Cette image de Notre-Dame de Lourdes fait revivre les apparitions". Zit. n. Billet, VII, 1966, 59.
300 „Oui c'est bien cela". „Non, ce n'est pas cela." „Ce n'est pas Elle! … D'ailleurs on ne peut faire comme c'était." Zit. n. Billet, VII, 1966, 52 f., Vgl. Laurentin, III, 1962, 139 f., Peintres de l'âme, 1981, 79, Rey, Nov. 2005, 29.
301 „Vous n'en serez pas fâché. Ce ne sera nullement une critique de votre oeuvre, mais cela vous donnera une nouvelle preuve de la vérité de l'apparition." Zit. n. Billet, VII, 1966, 309 f, Vgl. Peintres de l'âme, 1981, 78.
302 Cros, 1925, 109. Vgl. Les peintres de l'âme, 1981, 78.
303 „Je vois ta Vierge. Je te la montrerai et quand la statue viendra, je veux que tu dises: ‚C'est elle!" Zit. n. Peintres de l'âme, 1981, 78.
304 „Ineffabilis Deus, 8. Dezember 1854. Zit. n. http://www.stjosef.at/dokumente/ineffabilis_deus_1854.htm (zuletzt geöffnet: 4.7.2016.
305 Huysmans, 1906, 120. Dozous gab als Grund aber nicht ästhetische Missbilligung, sondern die Differenz zur Erfahrung des Himmlischen an. Dozous, 1874, 93.
306 „effigie de première communiante". Huysmans, 1906, 121.
307 Huysmans, 1906, 107.
308 Huysmans, 1975, 204 f.
309 „La Vierge respecte, autant que possible, le tempérament, la complexion personnelle de l'être, qu'Elle aborde. Elle se met à la portée de son intelligence, s'incarne sous la seule forme matérielle qu'il puisse comprendre (…) Il n'y a pas d'exemples, en somme, que les bergères qui la virent l'aient autrement décrite que sous l'apparence d'une ‚Belle Dame', autrement que sous les traits d'une Vierge d'autel de village, d'une Madone du quartier Saint-Sulpice, d'une Reine de coin de rue." Huysmans, 1898, 24 f. Dt. Huysmans, 2009, 21. Vgl. Ward-Jackson, 1996, 808, Maval, 1982.
310 Huysmans, 2009, 21. Vgl. Ward-Jackson, 1996, 807 f.
311 „sous un modèle de joliesse fade, le seul qu'elles pouvaient comprendre". Huysmans, 1898, 485. Dt. Übers. Huysmans, 2009, 400.
312 Der Kitschbegriff wird hier im Sinne des Kitschbegriffs der Avantgarde verwendet. Als ästhetische Kategorie taugt er nicht mehr.
313 Cingria, 1927, 28, 40.
314 Paraphrasiert nach Saint-Martin, 2014, 54.
315 Hurel, 1868.
316 Dazu v. a. Chaline, 1993.
317 „tyrannie de l'image", „devant une ‚Vierge' sulpicienne, on reconnait la Vierge elle-même." Marion, 2013, 113.
318 Peintres de l'âme, 1981, 78.
319 Laurentin, III, 1962, 154.

320 Billet, Petite Histoire, 1964, 17. Cros hat eine tatsächliche Größe von 1,78 m gemessen. Rey, Nov. 2005, 31.
321 In seiner 1878 redigierten Version des Bernadette vorgelegten Fragebogens änderte Fabisch in einigen Details die Antworten Bernadette. Dank dieser sicherlich der eigenen Rechtfertigung zuliebe gemachten Veränderungen (Verfälschungen), erschien die Jungfrau dem Kind nicht mehr jung und viel größer als sie selbst. Fabisch, 1964, 27. Vgl. Laurentin, III, 1962, 150 f.
322 Cros, 1925, 99. Bernadette machte allerdings auch abweichende Altersangaben. Gegenüber Abbé Junqua sprach nannte sie ein Alter von ca. 20 Jahren. Laurentin / Billet / Galland, V, 1959, S. 346. Cros geht davon aus, dass die gelegentlichen Zugeständnisse eines höheren Alters von „Aquéro" von den Befragern insinuiert wurden. Cros, 1925, 99.
323 Fabisch, 1964, 27.
324 Bernauer, 1995, 32, 69.
325 Eudeline, 1922, 184.
326 Laurentin, III, 1962, 156.
327 Laurentin, 1964, 21 f.
328 Fabisch, 1964, Text zu Abb. n. S. 25.
329 Laurentin, III, 1962, 158, Laurentin, 1964, 22 f.
330 Comment les contemporains, 1964, 36.
331 „l'excentricité du costume". Fabisch, 1964, 26.
332 „La Vierge est représentée comme une jeune fille d'une douzaine années allant faire sa première communion. Il me sera impossible d'exécuter un modèle semblable, attendu qu'il n'aura aucun succès (!) et ne sera pas de vente." Zit. n. Durand, 1978, fig. 45.
333 „On y courrait comme à l'Opéra". Taine, 1857, 96 f.
334 Zum Verhältnis Delacroix' zu Cousins Philosophie: Körner, 1988, 216 f.
335 Cousin, 1836, Cousin, 1853. Den überarbeiteten Teil über das „Schöne" publizierte Cousin bereits 1845 in der Revue des Deux Mondes: Cousin, 1845.
336 Ausführlich referiert beispielsweise das von Migne herausgegebene „Dictionnaire d'esthétique" die Ästhetik Cousins. Jouve, 1856, Sp. 33 ff. Vgl. Foucart, 1987, 16 ff., Saint-Martin, 2014, 46 f.
337 Cousin, 1853, 178.
338 Fabisch, 1860, 11 ff.
339 Fabisch, 1860, 7.
340 Fabisch, 1860, 17.
341 „idolâtrie de la nature". Rio, 1836, 148. Zit. n. Rolland, 2007, 90.
342 „L'idéal, c'est la perfection de l'art. Rêver à la vue des merveilles de la nature quelque chose de plus lumineux, rêver à la vue des grandes agitations de l'âme quelque chose de plus grand (…), telle est l'éclatante et douloureuse destinée de l'art. L'artiste fidèle entend donc une voix intérieure qui lui crie: ‚Sursum corda!'" Fèvre, 1880, 109.
343 Cousin, 1853, 187.
344 Cousin, 1853, 199.
345 „Ainsi, même indépendamment de toute alliance artificielle avec la religion et la morale, l'art est par lui-même essentiellement moral et religieux". Cousin, 1853, 199 f.
346 „auxiliaire de la religion". Sagette, 1853, 28 f.
347 „l'auxiliaire du sacerdoce". Fabisch, 1860, 17.
348 „elle (die Seele) s'élève jusqu'à la compréhension des attributs éternels et immuables de la divinité". Fabisch, 1860, 17.
349 Fabisch, 1837, 5.
350 Dazu auch Locard, 1887, 204.
351 „Si vous aviez vu comme moi Bernadette faire le signe de la croix, certainement, vous croiriez vous-même. Ce n'est qu'au ciel qu'on peut faire ainsi le signe de la croix." Zit. n. Laurentin, 2, 1957, 227.
352 Billet, VII, 1966, 170.
353 „C'est ainsi qu'elle a fait." Corbin, 1862, 7.
354 „(…) imitant parfaitement la tenue de la Vierge dans la médaille dite miraculeuse." Zit. n. Laurentin / Billet / Galland, V, 1959, 346.
355 „Il nous semblait voir une copie vivante de la reine des cieux, lorsqu'elle apparut dans le rocher de Massabielle." Lafond, 1972, 259.
356 „secousse électrique". Billet, VII, 1966, 44.
357 Billet, VII, 1966, 280, Ricard, 1894, 94 f., Vgl. Peintres de l'âme, 1981, 78.
358 https://www.heiligenlexikon.de/BiographienB/Bernadette_Soubirous_Marie_Bernard.htm (zuletzt geöffnet: 18.8.2016)
359 Bauerdick, 1995, 75.
360 Billet, VII, 1966, 441.
361 „L'enfant se leva très lentement, joignit les mains et esquissa un sourire céleste que je n'avais jamais vu sur des lèvres mortelles. (…) Elle souriait encore, les yeux tournés vers le ciel. Je

demeurais immobile devant elle, persuadé d'avoir vu le sourire de la Vierge sur la figure de la voyante." Trochu, 1953, 289 f.
362 Schott I, 1886, 361.
363 „à copier l'admirable modèle qu'elle avait devant les yeux." Lafitte, 1872, 59.
364 „J'ai toujours cru que le beau plastique était le resplendissement du beau morale sur une figure humaine. Depuis que j'ai vu Bernadette, cette opinion a pris chez moi les proportions d'un dogme". Zit. n. Cros, 1901, 226.
365 Zum Gnadenbild in Mexiko, zur Geschichte dieser Marienerscheinung und zu den kulturgeschichtlichen Folgen: Poole, 1996, Brading, 2001, Badde, 2004, Peterson, 2014.
366 http://weltkirche.katholisch.de/Aktuelles/20130318_Lateinamerika-der-katholische-Kontinent (zuletzt geöffnet: 1.9.2016)
367 Paraphrasiert nach Eudeline, 1922, 41.
368 Allg. zum „Style Saint-Sulpice" Gamboni, 1999.
369 Billet, 1976, 142, Perrier, 2008, o. S.
370 Peintres de l'âme, 1981, 68.
371 Eudeline, 1922, 184.
372 „Je ne dis pas que vous aurez à surpasser M. Fabisch, ce serait trop facile, mais à vous surpasser vous-même". Zit. n. Peintres de l'âme, 1981, 69.
373 Zum folgenden: Billet, 1976, 142.
374 Zschokke, 1886, 73.
375 Dubosc de Pesquidoux, II, 1898, 83.
376 Billet, 1976, 142.
377 Mitchell, 2012, 25.
378 Zum folgenden immer noch: Billet, 1976, 142.
379 Jourdan, 1876.
380 Anonym, Consécration, 1876, 27.
381 Anonym, Notre-Dame de Lourdes, 1876.
382 Huysmans, 1906, 105.
383 Perrier, 2008, o. S.
384 Billet, 1866, 418, Perrier, 2008.
385 https://de.wikipedia.org/wiki/Lourdesgrotte (zuletzt geöffnet: 22.2.2017)
386 http://www.diewunderseite.de/statuen/statuen.htm, https://en.wikipedia.org/wiki/Ballinspittle, https://en.wikipedia.org/wiki/Moving_statues, http://www.newsflash.org/2000/02/ht/ht001057.htm (zuletzt geöffnet: 22.2.2017)
387 „Aquéro n'était pas tout à fait de ma taille (…) Elle avait un voile blanc qui descendait jusque sur ses pieds, sur chacun desquels je vis une rose jaune. Ses mains légèrement écartées tenaient un chapelet. Elle était jeune. Elle ressemblait parfaitement par le visage et par ses vêtements à une Sainte Vierge placée sur un des autels de l'église de Lourdes, au pied duquel j'avais l'habitude de prier. Mais elle était environnée de lumière et vivante." Zit. n. Laurentin, 1957, 1, 167. Auf dem Totenbett erinnerte sich Bernadette nicht mehr, den Vergleich angestellt zu haben. Laurentin, III, 1962, 186.
388 Les peintres de l'âme, 1981, 79.
389 „(…) une fille blanche, pas plus grande que moi, qui me salua par une l'légère inclination, en éloignant, un peu, du corps ses bras pendants et en ouvrant les mains." Zit. n. Laurentin, 1957, 1, 197.
390 „Alors la Dame joignit les mains, qu'elle avait jusque-là dans la position de la médaille miraculeuse, leva les yeux au ciel et répondit: „Je suis la Vierge de l'Immaculée-Conception. Je désire une chapelle ici dans cette endroit." Zit. n. Laurentin, 1957, 1, 285.
391 La Teyssonnière, 2013, 65 f.
392 Laurentin/Billet, Galland, 1959, 346.
393 Fabisch, 1964, 30, Eudeline, 1922, 39.
394 Billet, Statues, 1964, 3.
395 „une statue de la Très Sainte Vierge conforme au modèle de la Médaille Miraculeuse". Zit. n. Billet, Statues, 1964, 3.
396 „ravissant". Billet, Statues, 1964, 3.
397 Eudelin, 1922, 38, Billet, Statues, 1964, 3.
398 Bernauer, 1995, 102.
399 „Il y a l'a … quelque chose." Zit. n. Laurentin, III, 1962, 184. Vgl. Trochu, 1953, 368. https://fr.wikipedia.org/wiki/Espace_Bernadette-Soubirous_Nevers (zuletzt geöffnet: 16.8.2016). Kritisch dazu: Rey, Dez. 2005, 32.
400 https://fr.wikipedia.org/wiki/Espace_Bernadette-Soubirous_Nevers (zuletzt geöffnet: 16.8.2016)
401 Aubin-Boltanski, 2012/13
402 L., 1964, 4
403 Cloquet, 1862, 1.
404 Cloquet, 1862, 37 ff.
405 Cloquet, 1862, 7.
406 Sterckx, 1854, 8 f., Sterckx, 1855, 15, Malou, 1856, 20. Zum Entscheid der Ritenkongregation: Laurentin/Roche, 1976, 258 f, 257.
407 „approbation publique et solenelle". Malou, 1856, 20.

408 Sterckx, 1854.
409 Sterckx, 1855, 4.
410 Sterckx, 1855, 5 f.
411 Sterckx, 1854, 12 ff., Sterckx, 1855, 18 ff.
412 Malou, 1856, 147.
413 Malou, 1856, 71 ff., 147.
414 „Beatissima Virgo congrue repraesentatur stand, demissis oculis et manibus parumper extensis". Stercks, 1854, 19.
415 Malou, 1856, 32 f.
416 Renan, 1992, 571.
417 Sterckx, 1854, 13.
418 „première adolescence". Malou, 1856, 118.
419 Malou, 1856, 26.
420 Jameson, 1852, 49, Vloberg, 1958, 493.
421 Zit. n. Badde, 2004, 28.
422 Corbin, 1962, 6.
423 (…) Murillo (…) se soit le plus rapproché du beau idéal de ce mystère." Corbin, 1862, 9.
424 Corbin, 1862, 12.
425 Corbin, 1862, 7.
426 Corbin, 1862, 7.
427 Corbin, 1962, 15.
428 Corbin, 1862, 16.
429 Fourcade, 1862, 13.
430 (…) c'est l'enfant ou la jeune fille pleine de candeur et d'ingénuité, modeste et gracieuse, le sourire sur les lèvres, le regard limpide". Als Übergangsalter vom Kind zur Frau nahm Corbin das 15. Lebensjahr an. Corbin, 1862, 18 f.
431 „une voille sur la tête qui déscent jusqu' en bas". Laurentin/Roche, 1976, 345.
432 „voile blanc qui lui descendoit a chaque cotté jus au pied par de sous". Laurentin/Roche, 1976, 292.
433 Laurentin, 1983, 184.
434 „Aquéro n'était pas tout à fait de ma taille (…) Elle avait un voile blanc qui descendait jusque sur ses pieds, sur chacun desquels je vis une rose jaune. Ses mains légèrement écartées tenaient un chapelet. Elle était jeune. Elle ressemblait parfaitement par le visage et par ses vêtements à une Sainte Vierge placée sur un des autels de l'église de Lourdes, au pied duquel j'avais l'habitude de prier. Mais elle était environnée de lumière et vivante." Zit. n. Laurentin, 1957, 1, 167.
435 Laurentin/Roche, 1976, 292.
436 Corbin, 1862, 9.
437 Das folgende fasst die von Laurentin und Durand publizierten frühen Dokumente zusammen: Laurentin/Durand, III, 1970, 11 ff. Ende 1920 widerrief Jeanne-Marie Lebossé ihr Zeugnis. Laurentin/Durand, I, 1970, 79–82.
438 Die Interpunktion zwischen den ersten beiden Sätzen fehlte. Der den zweiten Satz abschließende Punkt erschien den Kinder groß wie eine Sonne. Laurentin/Durand, III, 1970, 23.
439 „Oh! que Marie est belle! O qu'elle est belle! Quelle belle couronne ella a sur la tête! Quelle belle robe bleue parsemée d'étoiles!" Zit. n. Laurentin/Durand, III, 1970, 11.
440 Laurentin/Durand, III, 1970, 23, 37, 93.
441 Laurentin/Durand, III, 1970, 65.
442 „(…) beauté incomparable (…)". Zit. n. Laurentin/Durand, III, 1970, 76.
443 Laurentin/Durand, III, 1970, 133.
444 Lefranc, 1923, 130 f.
445 „Nous jugeons que l'Immaculée Vierge Marie, Mère de Dieu, a véritablement apparu, le 17 janvier 1871, à Eugène Barbedette, Joseph Barbedette, Françoise Richer et Jeanne-Marie Lebossé, dans le hameau de Pontmain." Zit. n. Laurentin/Durand, III, 1970, 187.
446 „d'après les indications les plus précises des enfants." Gaulle, 1873, 92.
447 Gaulle, 1873, 89.
448 Lafond, 1872, 313.
449 Postel, 1873, 286, Aubert, 1877, 274 ff., Roulleaux, 1924, 97.
450 Aubert, 1877, 247 ff.
451 Aubert, 1877, 244 ff.
452 Aubert, 1877, 248 f.
453 Postel, 1873, 283 f.
454 Roulleaux, 1924, 117. Pfarrer Guérin ging demgegenüber kurz vor seinem Tod von fast 150 Heilungen aus. Les trois grandes apparitions, 1874,
455 Le Patrimoine des Communes de la Mayenne, 2002, 509.
456 Porte, 2005, 276.
457 Lafond, 1872, 312.
458 Laurentin/Durand, III, 1970, 274.
459 Laurentin/Durand, III, 1970, 274.
460 „Ce marbre, comme diaphane, rend pour ainsi dire vivante l'image de Notre-Dame de Pontmain." Roulleaux, 1924, 134.
461 Laurentin/Durand, III, 1970, 17 f.

462 Laurentin / Durand, III, 1970, 64.
463 Laurentin / Durand, III, 1970, 67. Ein Überblick über alle Zeugnisse, die den Bezug herstellen, bei Laurentin / Durand, II, 1970, 50 f.
464 Montalembert, 1861, 198.
465 „La Vierge m'a souri" https://www.facebook.com/notes/sanctuaire-de-lisieux/-la-ste-vierge-ma-souri-que-je-suis-heureuse-13-mai-1883/310053519072528/ (zuletzt geöffnet: 11.10.2016), 2 / ttp://www.therese-de-lisieux.catholique.fr/La-Vierge-du-Sourire.html (zuletzt geöffnet: 10.10.2016), 1.
466 Mongin, 2015, 29.
467 „des faveurs que moi seule connais". Zit. n. ttp://www.therese-de-lisieux.catholique.fr/La-Vierge-du-Sourire.html (zuletzt geöffnet: 10.10.2016), 1.
468 Mongin, 2015, 54 f.
469 Langlois, 2009, 314.
470 „Tout à coup la Sainte Vierge me parut belle, si belle que jamais je n'avais rien vu de si beau, son visage respirait une bonté et une tendresse ineffable, mais ce qui me pénétra juqu' au fond de l'âme ce fut le ravissant sourire de la Ste Vierge. Alors toutes mes peines s'évanouierent (…)". Zit n. Langlois, 2009, 325 f., Martin, 2009, 72 f.
471 „Elle me confia qu'elle avait vu la Sainte Vierge elle-même. Cette vision dura 4 à 5 minutes". Zit. n. Gaucher, 2010, 144.
472 Langlois, 2009, 328.
473 „La Sainte Vierge m'avait semblé très belle". Langlois, 2009, 328.
474 Langlois, 2009, 328.
475 „Il fallait un miracle et ce fut Notre-Dame des Victoires qui le fit." Zit n. Langlois, 2009, 323, Martin, 2009, 71.
476 Dumax, 1883, 12 f., Kselman, 1983, 50 f.
477 Dumax, 1883, 16, Kselman, 1983, 51.
478 Langlois, 2009, 325.
479 Langlois, 2009, 234, https://www.facebook.com/notes/sanctuaire-de-lisieux/-la-ste-vierge-ma-souri-que-je-suis-heureuse-13-mai-1883/310053519072528/ (zuletzt geöffnet: 11.10.2016), 9.
480 Langlois, 2009, 231, Martin, 2009, 15.
481 Martin, 2009, 287 f.
482 Gaucher, 2010, 587, https://www.facebook.com/notes/sanctuaire-de-lisieux/-la-ste-vierge-ma-souri-que-je-suis-heureuse-13-mai-1883/310053519072528/ (zuletzt geöffnet: 11.10.2016), 9.
483 Langlois, 2009, 323.
484 Seibel, 1980, 25.
485 Cabanne, 1988, 35.
486 Cabanne, 1988, 35.
487 Tarica, 1987, 6, 10.
488 Cabanne, 1988, 37.
489 Jean Fautrier, 1987, 61, 64 f., 68, 71 f.
490 „Non seulement la réalité existe mais en aucun cas elle ne doit être purement er simplement rejetée." „(…) apparence (…) tempérament de l'artiste (…) à un moindre degré". Zit. n. Jean Fautrier, 1987, 64. Dt. Übers. unter Benutzung v. Seibel, 1980, 26 u. Jean Fautrier, 1987, 71.
491 „que cette image finisse par devenir plus vraie que la réalité elle-même". Zit. n. Jean Fautrier, 1987, 64. Vgl. Seibel, 1980, 26.
492 Gohr, 1980, 43.
493 boue". Cabanne, 1988, 37.
494 „trop exquises". Zit. n. Cabanne, 1988, 36.
495 http://www.petit-patrimoine.com/fiche-petit-patrimoine.php?id_pp=52140_3 (zuletzt geöffnet: 8.10.2016), https://fr.wikipedia.org/wiki/Colombey-les-Deux-Églises (zuletzt geöffnet: 8.10.2016)
496 Eine Übersicht über die einschlägigen Manufakturen gibt Chaline, 1993, 188.

Literaturverzeichnis

Aladel, Johann Maria, Die wunderthätige Medaille, deren Ursprung, Ausbreitung, Geschichte und Wirkungen, Regensburg / New York / Cincinnati 1880 (9. Auf.)

Albert-Llorca, Marlène, Les vierges miraculeuses. Légendes et rituels, Paris 1992

Alberti, Giovanni Battista, Storia della miracolosa apparizione della Madonna Santissima di Misericordia nel distretto di Savona (...), Pavia 1737 (3. Auf.)

Anonym, Consécration de la Basilique de Notre-Dame de Lourdes et Couronnement de sa statue (2 et 3 Juillet 1876), in: Annales de Notre-Dame de Lourdes, 9e année, 1876 (Mai), S. 25-27

Anonym, L'Évènement de La Salette et un pèlerinage à cette Sainte Montagne, le 19 septembre 1853, (1853) Luçon (3. Aufl.), 1854

Anonym, Notre-Dame de Lourdes. 1, 2 & 3 Juillet 1876. Consécration de la Basilique de Notre-Dame de Lourdes et Couronnement de la statue, in: Annales de Notre-Dame de Lourdes, 9e année, 1876 (Juli), S. 75-94

Anonym, Revue de la Semaine, in: La Semaine religieuse du diocèse d'Alby, 8e année, no 25, 1881 (23. April), S. 389-391

Anonym, Vie de R. P. Louis Saint-Cyr de la compagnie de Jésus (1813-1887) (...), Paris 1889

Aubert, Auguste, Mois de Marie de Notre-Dame-d'Espérance de Pontmain, Angers, 1877

Badde, Paul, Maria von Guadalupe. Wie das Erscheinen der Jungfrau Weltgeschichte schrieb, München 2004 (4. Aufl.)

Balthasar, Charles Georges, Histoire religieuse de l'église Notre-Dame-des-Victoires de Paris et de l'archiconfrérie du Très-saint et immaculé coeur de Marie (...), Paris 1855

Barthe, Edouard, Souvenirs et impressions d'un pèlerinage à la Salette, Paris 1859

Bassette, Louis, Le fait de la Salette 1846-1854, Paris 1965

Bauerdick, Rolf, Lourdes, Freiburg / Basel / Wien 1995

Belting, Hans, Das echte Bild. Bildfragen als Glaubensfragen, München 2005

Benjamin, Walter, Das Kunstwerk im Zeitalter seiner technischen Reproduzierbarkeit (1935/1939) (1963), Frankfurt 1973 (6. Aufl.)

Bernauer, Ursula, Die schöne Dame von Lourdes. Geschichte und Geschehen tiefenpsychologisch gedeutet, Freiburg / Basel / Wien 1995

Berthier, Jean / Perrin, Pèlerinage de Notre-Dame de la Salette ou Guide du pèlerin sur la Sainte Montagne, La Salette 1878

Berthier, Jean, Les merveilles de la Salette, Paris 1898

Bertrand, Isidore, La Salette, (1888) Paris o. J. (5. Aufl.)

Bettega, Victor, L'imagerie de Notre-Dame de la Salette, in: Histoire d'un pèlerinage. Notre-Dame de la Salette (1846-1996), Katalog der Ausstellung, Grenoble, Bibliothèques Municipales, 1996-1997, Grenoble 1996, S. 26-31

Biblia sacra iuxta vulgatam versionem, hg. v. Roger Gryson (1969), Stuttgart / Nördlingen 1994

Billet, Bernard, Il y a cent ans ... Le couronnement de Notre-Dame de Lourdes, in: Recherches sur Lourdes hier et aujourd'hui, no 55, 1976 (Juli), S. 141-145

Billet, Bernard, Les statues de la Grotte avant 1864, in: Journal de la Grotte de Lourdes, 113e année, no 14, 1964 (So. 5. Juli), S. 3

Billet, Bernard, Lourdes. Documents authentiques. t. VII. Croissance de Lourdes et vocation de Bernadette 30 août 1862-1863 à juillet 1866, Paris 1966

Billet, Bernard, Petite Histoire de la Statue de la Grotte de Lourdes, in: Recherches sur Lourdes, no 6. Numéro spécial: Centenaire de la Statue, 1964 (April), S. 15-18

Bloy, Léon, Celle qui pleure, Paris 1908

Boinet, Amédée, Les églises parisiennes XVIIe et XVIIIe siècles, Paris 1964

Boissarie, Gustave, L'Œuvre de Lourdes, (1907) Paris 1909

Bonnel, Julien, Notre-Dame d'Espérance de Pontmain, Laval / Paris 1884

Borel, Louis, Notre-Dame de La Salette, Paris 1923

Bouillard, La statue de Notre-Dame de Fourvières. Relation exacte des fêtes de l'inauguration (...), Lyon 1852

Bouillet, Auguste, Notre-Dame des Victoires (= Les églises paroissales de Paris. Monographies illustrées), Lyon / Paris 1904

Bredekamp, Horst, Der Bildakt. Frankfurter Adorno-Vorlesungen 2007. Neufassung 2015, (2010) Berlin 2015

Brading, David A., Mexican Phoenix. Our Lady of Guadalupe: Image and Tradition across five Centuries, Cambridge 2001

Brückner, Wolfgang, Marianischer Kult und Ikonographie im 19. Jahrhundert. Himmelblaue Immaculata – Handgestus und Strahlensymbolik – Wundertätige Medaille und Bildverbreitung – Hintergrasmotiv, in: Festschrift für Lenz Kriss-Rettenbeck zum 80. Geburtstag (= Bayerisches Jahrbuch für Volkskunde), München 2003, S. 35-63

Bussière, Marie-Théodore, Le converti de la Médaille miraculeuse, Paris 1998

Cabanne, Pierre, Jean Fautrier, Köln 1988

Cabuchet, Bruno, Apparition de la Sainte Vierge à deux jeunes Bergers sur la Montagne de La Salette, Toulon 1854

Carlier, Louis, Histoire de l'Apparition de la Mère de Dieu sur la montagne de la Salette, Tournai 1912

Caseau, Charles, Courte notice historique et descriptive sur le pèlerinage de N. D. de la Salette, Grenoble 1942

Castaldi, Tommaso, La Madonna della Misericordia. Iconografia della Madonna della Misericordia e della Madonna delle frecce nell'arte di Bologna e della Romagna nel Tre e Quattrocento, Imola 2011

Caylus, Anne-Claude-Philippe de Pestels de Lévis de Tubières-Grimouard, Vie d'Edme Bouchardon, sculpteur du roi, Paris 1762 (Repr. Genf 1973)

Chaline, Nadine-Josette, Images de Marie en Haute-Normandie au XIXe siècle, in: Thelamon, Françoise (Hg.), Marie et la „Fête aux Normands". Dévotion, images, poésies, Rouen / Le Havre 2011, S. 281–295

Chaline, Nadine-Josette, Marbre, or et plâtre, in: Bouchon, Chantal / Brisac, Cathérine / Chaline, Nadine-Josette / Leniaud, Jean-Michel, Ces églises du dix-neuvième siècle, Amiens 1993, S. 167–214

Cingria, Alexander, Der Verfall der kirchlichen Kunst, (1917 frz.) Augsburg 1927

Clapier, Jean, Quand la Vierge Marie sourit au pécheurs. Notre-Dame des Victoires. Histoire, charisme, actualité, Paris 2013

Cloquet, Célestin, Le seul véritable tableau de l'Immaculée Conception, ou Iconographie démontrant que le plus beau privilège de la Vierge immaculée est incompris des peintres (...), Paris 1862

Combe, Gilbert-Joseph-Émile, Le secret de Mélanie Bergère de la Salette et la crise actuelle, Rom 1906

Comment les contemporains jugèrent l'oeuvre de Fabisch, in: Recherches sur Lourdes, no 6. Numéro spécial: Centenaire de la Statue, 1964 (April), S. 35–36

Corbin, Raymond, L'apparition de la Sainte Vierge à la grotte de Lourdes, près Tarbes considérée au point de vue de l'art chrétien (...), Bordeaux 1862

Cour de Cassation. Chambre des requêtes. Mémoire ampliatif pour MM. Lanfrey et Baud, demandeurs en cassation, contre M. Fabisch, défendeur éventuel, Lyon 1854

Cousin, Victor, Cours de philosophie professé à la faculté des lettres pendant l'année 1818, sur le fondement des idées absolues du vrai, di beau et du bien, Paris 1836

Cousin, Victor, Du Beau et de l'Art, in: Revue des Deux Mondes, III, 1845, S. 773–811

Cousin, Victor, Du Vrai, du Beau et du Bien, Paris 1853

Crépey, Chantal, Petit guide de la Chapelle Notre-Dame de la Médaille Miraculeuse, Eckbolsheim 2012

Cros, Léonard Joseph Marie, Histoire de Notre-Dame de Lourdes. I. Les apparitions (11 février – 7 avril 1858), Paris 1925

Cros, Léonard Joseph Marie, Notre-Dame de Lourdes, Toulouse / Paris 1901

Cunneen, Sally, In Search of Mary. The Woman and the Symbol, New York 1996

Cuylen, Maria, Die heilige Katharina Labouré und die Wunderbare Medaille der Unbefleckten, Freiburg/Schweiz / Konstanz / München / Frankfurt 1952

Das Neue Testament, übersetzt u. erläutert v. P. Dr. Konstantin Rösch, Paderborn 1946

Delachapelle, Edmond, Notre-Dame de la Salette. Histoire de l'apparition, pèlerinage, prières de réparations (...), Paris 1862

Denz, Hermann, Typologie / Typenbildung, in: Reinalter, Helmut / Brenner, Peter J. (Hg.), Lexikon der Geisteswissenschaften. Sachbegriffe – Disziplinen – Personen, Wien / Köln / Weimar 2011, S. 797–801

Des Brûlais, Marie, L'Écho de la Sainte Montagne visitée par la Mère de Dieu. Un mois de séjour dans la société des petits bergers de La Salette, (1852) (1854, 3. Auf.) Méricourt-de-l'Abbé 1904 (3. Ausgabe)

Des Brûlais, Marie, Suite à l'écho de la Sainte Montagne ou l'Apparition rendue plus Évidente, (1855) Nantes 1904

Dezallier d'Argenville, Antoine-Nicolas, Voyage pittoresque de Paris ou Indication de tout ce qu'il y a de plus beau dans cette grande Ville en Peinture, Sculpture, & Architecture, Paris 1752

Didi-Huberman, Georges, Was wir sehen blickt uns an. Zur Metapsychologie des Bildes (= Bild und Text, hg. v. Gottfried Boehm u. Karlheinz Stierle), (1992 frz.) München 1999

Dozous, Pierre-Romain, Die Erscheinung der heil. Jungfrau zu Pontmain und La Salette, (1874) Paris / Auch) 1874, (3. Aufl.)

Dubosc de Pesquidoux, L'immaculée Conception. Histoire d'un dogme, II, Tours / Paris 1898

Dumax, Victor, Gloires et merveilles de Notre-Dame des Victoires. Un triple prodige dû à l'intervention de la Très-Sainte Vierge en son sanctuaire de Notre-Dame des Victoires et en celui de Lourdes, Paris 1883

Dumax, Victor, Le pèlerin à Notre-Dame des Victoires, Paris 1881

Durand, Jean, Une manufacture d'art chrétien. La „Sainterie" de Vendeuvre-sur-Barse 1842–1961, Villy-en-Trodes 1978

Englebert, Omar, Les apparitions de la Vierge aux XIXe et XXe siècles, Mulhouse 1948 (2. Aufl.)

Eudeline, Paul, Guide-complet de Lourdes religieux, Lourdes 1922

Fabisch, Joseph Hugues, Le peintre au poète, Lyon 1837

Fabisch, Joseph-Hugues, De la dignité de l'art. Discours de réception prononcé dans la séance publique de l'académie impériale des sciences, belles-lettres et arts de Lyon, Lyon 1860

Fabisch, Joseph-Hugues, Quatorze ans après le 4 avril 1864: les souvenirs du sculpteur, in: Recherches sur Lourdes, no 6. Numéro spécial: Centenaire de la Statue, 1964 (April), S. 25–34

Fèvre, Justin, Vie et travaux de M. Léon Moynet, statuaire à Vendeuvre, (1877) Saint-Dizier 1880 (2. Aufl.)

Foucart, Bruno, Le renouveau de la peinture religieuse en France (1800-1860), Paris 1987

Fourcade, Jean-Gualbert, L'Apparition à la grotte de Lourdes en 1858 (…), Tarbes 1862

Fournée, Jean, Immaculata Conceptio, in: Kirschbaum, Engelbert in Zusammenarbeit mit Wolfgang Braunfels u. a. (Hg.), Lexikon der christlichen Ikonographie, Zweiter Band (1974), Rom / Freiburg / Basel / Wien 1990 Sp. 338–343

Gamboni, Dario, De „Saint-Sulpice" à „l'art sacré". Qualification et disqualification dans le procès de modernisation de l'art d'église en France (1890-1960), in: Christin, Olivier / Gamboni, Dario (Hg.), Krisen religiöser Kunst. Vom 2. Niceanum bis zum 2. Vatikanischen Konzil – Crises de l'image religieuse. De Nicée II à Vatican II, Paris 1999, S. 239–261

Gaucher, Guy, Sainte Thérèse de Lisieux (1873–1897). Biographie, Paris 2010

Gaulle, Joséphine Marie de, Apparition du Pontmain. Antécédents, apparition, pèlerinage et faveurs obtenus, Lille / Paris 1873 (2. Aufl.)

Gobert, Louis, Un pèlerinage à la Salette, Lille 1854

Gohr, Siegfried, Das Glas von Chardin, weitergegeben an Fautrier, in: Gohr, Siegfried (Hg.), Jean Fautrier. Gemälde, Skulpturen und Handzeichnungen, Katalog der Ausstellung, Köln, Josef-Haubrich-Kunsthalle 1980, Köln 1980, S. 41–44

Guitton, Jean, La conversion de Ratisbonne, Paris 1964

Guitton, Jean, Rue du Bac ou la superstition dépassée, Paris 1979

Hagen, G. Fr., Die Bekehrung und Taufe des Herrn Alphons Ratisbonne in Rom im Januar 1842, München 1842

Hauchecorne, Paul, Les apparitions de la rue du Bac, Paris 1934

Haugommard, Stéphane, Les églises du diocèse de Nantes au XIXe siècle. Des édifices pour le culte, des monuments pour une reconquête, Rennes 2015

Heller, Eberhard, Ein Doppeljubiläum: 150 Jahre La Salette – 150. Geburtstag von Léon Bloy, in: Einsicht, Römisch-Katholische Zeitschrift, Jg. Nr. 3, Heft 6, 1996 (Sept.), S. 3-10

Histoire d'un pèlerinage. Notre-Dame de la Salette (1846-1996), Katalog der Ausstellung, Grenoble, Bibliothèques Municipales 1996–1997, Grenoble 1996

Histoire de la médaille (= Les carnets de la chapelle), Paris 2004

Hurel, Augustin-Jean, L'art religieux contemporain. Étude critique, (1868) Paris 1868 (2. Aufl.)

Huysmans, Joris-Karl, Die Kathedrale. Chartres – ein Roman (1898 frz.) (1990) München 2009 (2. Aufl.)

Huysmans, Joris-Karl, En route, in: Huysmans, Joris-Karl, Oeuvres complètes, hg. v. Isabelle de Kergrist, Paris 2016

Huysmans, Joris-Karl, L'exposition des indépendants en 1881, in: Huysmans, Joris-Karl, L'art moderne / Certains, Paris 1975, S. 203–229

Huysmans, Joris-Karl, La Cathédrale, Paris 1898

Huysmans, Joris-Karl, Les foules de Lourdes, Paris 1906

Inventaire général des richesses d'art de la France. Paris. Monuments religieux, t. II, Paris 1888

Inventaire général des richesses d'art de la France. Province. Monuments religieux, t. IV, Paris 1907

James, William, Die religiöse Erfahrung in ihrer Mannigfaltigkeit. Materialien und Studien zu einer Psychologie und Pathologie des religiösen Lebens, Leipzig 1907

Jameson, Anna, Legends of the Madonna, as Represented in the Fine Arts (= Budge, Gavin (Hg.), Aesthetics and Religion in Nineteenth-Century Britain, vol. 5), London London (Repr. Bristol 2003)

Jean Fautrier. Gemälde, Skulptur, Radierungen, Katalog der Ausstellung, Neuss, Insel Hombroich 1987, Neuss 1987

Jourdan, César-Victor, Lettre pastorale de Mgr l'évêque de Tarbes portant publication d'un bref par lequel Sa Sainteté Pie IX autorise le Couronnement de la Statue de Notre-Dame de Lourdes, Tarbes 1876

Jouve, Esprit-Gustave, Dictionnaire d'esthétique chrétienne ou Théorie du beau dans l'art chrétien. L'architecture, la musique, la peinture, la sculpture et leurs dérivés (…) (=Migne, Jacques-Paul (Hg.),

Troisième et dernière Encyclopédie théologique ou troisième et dernière série de dictionnaires sur toutes les parties de la science religieuse (…), t. IV, Paris 1856
Klemenz, Birgitta, Wallfahrtskirche Andechs (=Schnell Kunstführer Nr. 394), Regensburg 2005 (13. Aufl.)
Körner, Hans, Auf der Suche nach der „wahren Einheit". Ganzheitsvorstellungen in der französischen Malerei und Kunstliteratur vom mittleren 17. bis zum mittleren 19. Jahrhundert, München 1988
Krasny, Piotr, Le vrai portrait de Notre-Dame. On the attempts to refresh the Marian iconography in the 19th century, in: Sacrum et Decorum, 2, 2009, S. 16–30
Kselman, Thomas A., Miracles & Prophecies in Nineteenth-Century France, New Brunswick 1983
Künstle, Karl, Ikonographie der christlichen Kunst. Erster Band, Freiburg 1928
L, A., Rayonnement de nos Sanctuaires dans le Monde. Grottes de Lourdes, in: Journal de la Grotte de Lourdes, 113e année, no 6, 1964 (So. 15. März), S. 4
La Teyssonnière, Régis-Marie de, Lourdes. La spiritualité de Bernadette, Perpignan 2013
Lafitte, Charles, La grotte de Lourdes, Tarbes 1872
Lafond, Edmond, La Salette, Lourdes, Pontmain. Voyage d'un croyant, Paris 1872
Lagrée, Georges / Provost, Michel, La Salette en Bretagne, in: Angelier, François / Langlois, Claude (Hg.), La Salette. Apocalypse, pèlerinage et littérature (1856–1996), Grenoble 2000, S. 155-170
Lambert, Edmond / Buirette, Aimé, Histoire de l'église de Notre-Dame des Victoires, depuis sa fondation jusqu'à nos jours, et de l'archiconfrérie du très-saint et immaculé Coeur de Marie, Paris 1872
Langlois, Claude, L'Autobiographie de Thérèse de Lisieux. Édition critique du manuscrit A (1895), Paris 2009
Langlois, Claude, La conjoncture mariale des années quarante, in: Angelier, François / Langlois, Claude (Hg.), La Salette. Apocalypse, pèlerinage et littérature (1856–1996), Grenoble 2000, S. 21–38
Laroche, Mathurin, Un sculpteur religieux. Henri Bouriché (1826–1906), Angers 1907
Laurentin, 20 janvier 1842, Marie apparaît à Alphonse Ratisbonne. Preuves et Documents (= Laurentin, René, Alphonse Ratisbonne. Vie authentique, 2, 2), Paris 1991
Laurentin, René / Billet, Bernard / Galland, Paul, Lourdes. Documents authentiques. t. V. Procès de Lourdes. I. L'Enquête épiscopale sur Bernadette, la source et les guérisons. Chronique de Lourdes et visites à Bernadette (20 octobre – début avril 1860) avec en complément au dossier du centenaire: Des lettres inédites du temps des Apparitions, Paris 1959
Laurentin, René / Durand, Albert, Pontmain. Histoire authentique, T. 1: Un signe dans le ciel, Paris 1970
Laurentin, René / Durand, Albert, Pontmain. Histoire authentique, 2: Preuves, Paris 1970 (2. Aufl.)
Laurentin, René / Durand, Albert, Pontmain. Histoire authentique, T. 3: Documents, (1962) Paris 1970 (2. Aufl.)
Laurentin, René / Roche, Philippe, Catherine Labouré et la Médaille miraculeuse. Documents authentiques 1830–1876, Paris 1976
Laurentin, René, 20 janvier 1842, Marie apparaît à Alphonse Ratisbonne. Récit (= Laurentin, René, Alphonse Ratisbonne. Vie authentique, 2,1) Paris 1991
Laurentin, René, La statue de Fabisch jugée par Bernadette, in: Recherches sur Lourdes, no 6. Numéro spécial: Centenaire de la Statue, 1964 (April), S. 20–23
Laurentin, René, Lourdes. Documents authentiques. II. Dix-septième apparition. Gnoses. Faux miracles. Fausses visions. La grotte interdite. 4 avril – 14 juin 1858, Paris 1957
Laurentin, René, Lourdes. Dossier des documents authentiques. I. Au temps des seize premières apparitions 11 février – 3 avril 1858, Paris 1957 (2. Aufl.)
Laurentin, René, Lourdes. Histoire authentiques. III. La quinzaine des apparitions, Lourdes / Paris 1962
Laurentin, René, The Life of Catherine Labouré 1806–1876, (1980 frz.) London 1983
Laurentin, René, VII. The Role of the Papal Magisterium in the Development of the Dogma of the Immaculate Conception, in: O'Connor, Edward Dennis (Hg.), The Dogma of the Immaculate Conception. History and Significance, Notre Dame (Indiana) 1958, S. 271–324
Le Patrimoine des Communes de la Mayenne (= Collection. Le Patrimoine des Communes de France), Paris 2002
Lechner, Gregor Martin, Unbefleckte Empfängnis. IV. Kunstgeschichte, in: Bäumer, Remigius / Scheffczyk, Leo (Hg.), Marienlexikon, 6. Band, St. Ottilien 1994, S. 527–532
Lefranc, Auguste, Das Ereignis von Pontmain, dt. v. Alois Wiesner, (1923 frz.) 1927 o. O.
Lemesle, Gaston, Histoire de l'église, in: Lemesle, Gaston, L'église Saint-Sulpice, Paris 1931
Les peintres de l'âme. Art lyonnais au XIXe siècle, Katalog der Ausstellung, Lyon, Musée des Beaux-Arts, 1981, Lyon 1981

Les trois grandes apparitions de la vierge en France à notre époque, Lérins 1874

Lieb, Norbert, Klosterkirche heiliger Berg Andechs, o. O, o. J. (um 1970)

Locard, Arnould, Discours prononcé aux funérailles de Joseph-Hugues Fabisch statuaire (…). Le 9 septembre 1886, in: = Lourdes. Documents authentiques, t. V, 1886, o. O.

Locard, Arnould, Discours prononcé aux funérailles de Joseph-Hugues Fabisch (…), in: Mémoires de l'Académie des sciences, belles lettres et arts de Lyon. Section des Sciences, t. XXIV, 1887, S. 199–216

Lüdicke-Kaute, Lore, Lauretanische Litanei, in: Kirschbaum, Engelbert in Zusammenarbeit mit Wolfgang Braunfels u. a. (Hg.), Lexikon der christlichen Ikonographie, Dritter Band (1974), Rom / Freiburg / Basel / Wien 1990 Sp. 27–31

Magnien, Gabriel, Le curé d'Ars et l'imagerie, Lyon 1952

Malgouyres, Philippe, „On ne peut pas faire comme c'était". Images apparues et images fabriquées, in: Grandjean, Gilles / Malgouyres, Philippe (Hg.), Regards sur Marie, des chefs-d'oeuvres du Louvre au Puy-en-Velay, Puy-en-Velay, Hôtel Dieu 2011, Lyon 2011, S. 134–145

Malou, Jean-Baptiste, Iconographie de l'Immaculée Conception de la Très Sainte Vierge Marie ou de la Meilleure manière de représenter ce mystère, Brüssel 1856

Marion, Jean-Luc, La croisée du visible, (1991) Paris 2013 (2. Aufl.)

Martin, Therese, Geschichte einer Seele. Die Heilige von Lisieux erzählt aus ihrem Leben, Trier 2009 (überarb. u. erweit. Ausg.)

Maugendre, Adolphe, La Salette. Album composé de huit vues dessinées d'après nature et lithographiées (…), accompagné d'un texte descriptif par M l'abbé xxx, Paris / Grenoble 1863

Mercure de France, 1744 (Okt.)

Mitchell, William J. Thomas, Das Leben der Bilder. Eine Theorie der visuellen Kultur (2005 engl., 2008), München 2012 (2. Aufl.)

Mongin, Hélène, Louis und Zélie Martin. Die seligen Eltern der hl. Therese von Lisieux, (2008 frz.) Trier 2015

Mont Rond, Maxime de, Mon Pèlerinage à la Salette, (1856) Paris / Lille 1864 (5. Aufl.)

Montalembert, Charles Forbes de, De l'état actuel de l'art religieux en France (1837), in: Montalembert, Charles Forbes de, Mélanges d'art et de littérature (…), Paris 1861, S. 163–209

Muizon, François de, Un nouveau regard sur les apparitions. Le Laus – La rue du Bac – La Salette – Lourdes – Pontmain – Fatima, Paris 2008

Nathan, Tobie, Nous ne sommes pas seuls au monde. Les enjeux de l'ethnopsychiatrie, Paris 2001

Pacifique, F., La Salette et ses prophéties: quelques considérations, Bussières 1902

Perrier, Jacques, V … comme Vierge Marie. Lettre pour le 150ème anniversaire des Apparitions, in: Lourdes Magazine, 2008

Peterson, Jeanette Favrot, Visualizing Guadalupe. From Black Madonna to the Queen of Americas, Austin 2014

Piganiol de la Force, Jean-Aymar, Description historique de la ville de Paris et de ses environs, t. III, nouvelle édition, Paris 1765

Picconi, Giacomo, Storia dell'apparizione e de' miracoli di Nostra Signora di Misericordia di Savona, Genua 1760

Poole, Stafford, Our Lady of Guadalupe. The Origins and Sources of a Mexican National Symbol 1531–1797 (1995), Tucson 1996

Poole, Stafford, Pierre Coste and Catherine Laboure. The Conflict of historical Criticism and Popular Devotion, in: Vincentian Heritage Journal, vol. 20, issue 2, 1999, S. 252–302

Porte, Cheril A. M. S. C., Pontmain, Prophecy, and Protest. A Cultural-Historical Study of a Nineteenth-Century Apparition, New York / Washington / Baltimore / Bern / Frankfurt / Berlin / Brüssel / Wien / Oxford 2005

Postel, Victor, Notre-Dame du Pont-Main, avec un aperçu des pèlerinages en général, et des apparitions de la Ste Vierge jusqu'à nos jours, Paris 1873 (3. Aufl.)

Renan, Ernest, L'art religieux (1858), in: Renan, Ernest, Étude d'histoire religieuse suivie de Nouvelles études d'histoires religieuses, hg. v. Henriette Psichari, Paris 1992, S. 564–573

Rey, Jean-Philippe, Lourdes 2005. Le Portrait de la Dame (deuxième partie), in: La Revue du Rosaire, no 174, 2005 (Dez.), S. 27–33

Rey, Jean-Philippe, Lourdes 2005. Le Portrait de la Dame (première partie), in: La Revue du Rosaire, no 173, 2005 (Nov.), S. 26–32

Ricard, Antoine, La vraie Bernadette de Lourdes, lettres à M. Zola, Paris 1894

Rio, Alexis-François, De la poésie chrétienne dans son principe, dans sa matière et dans ses formes, Paris 1836

Rolland, Juliette, Art catholique et politique, Paris 2007

Roserot, Alphonse, Edme Bouchardon (= Les grands sculpteurs français du XVIIIe siècle), Paris 1910

Roulleaux, André, Notre-Dame de Pontmain, Paris 1924

Rousteau, Henri, Sanctuaire nantaise de N.-D. de la Salette, Nantes 1863

Sagette, Jean, Essai sur l'art chrétien, son principe, ses développements, sa renaissance, Paris 1853

Saint-Martin, Isabelle, Art chrétien / Art sacré. Regards du catholicisme sur l'art. France XIXe – XXe siècle, Rennes 2014

Sainte-Claire, Gabriel de, La Vie du vénérable frère Fiacre, augustin déchaussé, contenant plusieurs traits d'histoire et faits remarquables arrivés sous les règnes de Louis XIII et Louis XIV, Paris 1722

Scherf, Guilhem, Compositions religieuses, in: Desmas, Anne-Lise / Kopp, Édouard / Scherf, Guilhem / Trey, Juliette (Hg.), Edme Bouchardon 1698-1762. Une idée du beau, Katalog der Ausstellung, Paris, Musée du Louvre 2016, Paris 2016, S. 318–319

Schiller, Gertrud, Ikonographie der christlichen Kunst. Bd. 4,2: Maria, Gütersloh 1980

Schnell, Hugo, Kirche und Kloster, in: Bauerreiss, Romuald / Schnell, Hugo (Hg.), Der heilige Berg Andechs, München / Zürich 1972 (2. Aufl.) S. 20-26

Schott, Arthur, Die Wunder von Lourdes oder Die Erscheinung der Allerseligsten Jungfrau Maria in Lourdes, Bd. I, Stuttgart 1886 (2. Aufl.)

Scovazzi, Italo / Noberasco, Filippo, Savona, Rom 1930

Sebastian, Wenceslaus, VI. The Controversy over the Immaculate Conception from after Scotus to the Ende of the Eighteenth Century, in: O'Connor, Edward Dennis (Hg.), The Dogma of the Immaculate Conception. History and Significance, Notre Dame (Indiana) 1958, S. 213–270

Seibel, Castor, Jean Fautrier – Anmerkungen zu seiner politischen Haltung und zu seinem künstlerischen Werk, in: Gohr, Siegfried (Hg.), Jean Fautrier. Gemälde, Skulpturen und Handzeichnungen, Katalog der Ausstellung, Köln, Josef-Haubrich-Kunsthalle 1980, Köln 1980, S. 23–28

Seifert, Veronika Maria, Pius IX. – der Immaculata-Papst. Von der Marienverehrung Giovanni Maria Mastai Ferrettis zur Definierung des Immaculata-Dogmas, Göttingen 2013

Similien, Louis-Marie-Urbain, L'avenir de la Salette faisant suite à la Nouvelle auréole de Marie et au Pèlerinage de la Salette, Angers 1869 (2. Aufl.)

Stengers, Isabelle, La vierge et le neutrino. Les scientifiques dans la tourmente, Paris 2006

Stengers, Isabelle, Wir sind nicht allein auf der Welt, in: Peters, Kathrin / Seier, Andrea (Hg.), Gender & Medien-Reader, Zürich / Berlin 2016, S. 303–322

Sterckx, Engelbert, Courte dissertation sur la manière de représenter le mystère de l'Immaculée Conception de la Très Sainte Vierge Marie, Mechelen 1855

Sterckx, Engelbert, De modo pingendi Sanctissimam Dei Genitricem Mariam sine labe originali conceptam. Brevis Disquisitio, Rom 1854

Stern, Jean, La Salette im Marienlexikon, in: Bäumer, Remigius / Scheffczyk, Leo (Hg.), Marienlexikon, Bd. 4, St. Ottilien 1992

Stern, Jean, La Salette. Documents authentiques: dossier chronologique intégral. 1. Septembre 1846 – début mars 1847, Paris 1980

Stern, Jean, La Salette. Documents authentiques: dossier chronologique intégral. 2. Le procès de l'apparition, fin mars 1847 – avril 1849, Paris / Corps 1984

Stratton, Suzanne L., The Immaculate Conception in Spanish Art, Cambridge 1994

Ströter-Bender, Jutta, Die Muttergottes. Das Marienbild in der Christlichen Kunst. Symbolik und Spiritalität, Köln 1992

Tabarini, Marisa, Luca Carimini, in: Priori, Giancarlo / Tabarini, Marisa, Luca Carimini 1830-1890, Modena 1993, S. 29–43

Taine, Hippolyte, Les philosophes français du XIXe siècle, Paris 1857

Tarbé, Prosper, La vie et les oeuvres de Jean-Baptiste Pigalle Sculpteur, Paris 1859

Tarica, Samy, Jean Fautrier. Gemälde, Skulptur, Radierungen, Katalog der Ausstellung, Neuss, Insel Hombroich 1987, Neuss 1987

Teofilo il minore, Istoria della stupenda apparizione di Nostra Signora seguita nel distretto di Savona ano 1536 à 18 Marzo (…), Lyon 1724

Toytot, Ernest de, Voyage de Grenoble à La Salette, édition illustrée gravée par E. Dardelet, Paris 1863 (Repr. 1989 Lyon)

Traduction illustrée de la Bulle de l'Immaculée Conception dans les divers langues du monde, Paris 1868

Träger, Jörg, Renaissance und Religion. Die Kunst des Glaubens im Zeitalter Raphaels, München 1997

Trochu, Francis, Sainte Bernadette. La Voyante de Lourdes, Lyon / Paris 1953

Verdunoy, Joseph, La Salette. Histoire critique, Paris 1906

Vircondelet, Alain, Joris-Karl Huysmans , Paris 1990

Vloberg, Maurice, XIII. The Iconography of the Immaculate Conception, in: O'Connor, Edward Dennis (Hg.), The Dogma of the Immaculate Conception. History and Significance, Notre Dame (Indiana) 1958, S. 463–506

Voragine, Jacobus de, Die Legenda aurea des Jacobus de Voragine aus dem Lateinischen übersetzt von Richard Benz, Heidelberg 1963 (4. Aufl.).

Ward-Jackson, Philip, Reinvesting the idol: J.-K. Huysmans and the Sculpture, in: The Burlington Magazine, vol. 133, n. 1125, 1996 (Dez.), S. 801–808

Warner, Marina, Alone of all her sex. The myth and cult of the Virgin Mary (1976), London 1990
Zola, Émile, Lourdes, (1894 frz.) (1962) Leipzig 1987
Zschokke, Hermann, Der erste österreichische Pilgerzug nach Lourdes und Paray-le-Monial in Frankreich, Wien 1886

Internettexte

Aubin-Boltanski, Emma, Notre-Dame de Béchouate. Un „objet-personne" au coeur d'un dispositif cultuel, in: L'Homme (En ligne), no 203–204, 2012, S. 291–320 (https://lhomme.revues.org/23194 (zuletzt geöffnet: 4.11.2017)
Harrasser / Solhdju, www.academia.edu/30417822/wirksamkeit-verpflichtet_Herausforderungen_einer_Ökologie_der_Praktiken (zuletzt geöffnet: 20.1.2017)
Merlet, Dominique, Paroisse Notre-Dame des Blancs-Manteaux (www.ndbm.fr/histoire-culture/visite-eglise/ (zuletzt geöffnet: 16.03.2017)
Polistena, Joyce C., The Image of Mary of the Miraculouis Medal: A Valiant Woman, in: NCAW's digital humanities and art history series, vol. 11, Issue 2, 2012 (Sommer) (http://www.19thc-artworldwide.org/summer12/joyce-polistena-the-image-of-mary-of-the-miraculous-medal (zuletzt geöffnet: 25.8.2016)
http://**confraternitadelcarmine.blogspot.**de/2014/01/la-madonna-del-miracolo.html (zuletzt geöffnet: 16.9.2016)
http://**lalumierededieu.eklablog.**com/pontmain-la-grange-p728252 (zuletzt geöffnet: 11.2.2017)
http://**museefabre.montpellier3m.**fr (zuletzt geöffnet: 12.4.2017)
http://**prometheus.uni-koeln.**de/pandora/image/show/stabi-9139ca87615c17285c0d3fd1322d395c9f8e3bfa (zuletzt geöffnet: 1.8.2016)
http://**tamrin.proboards.**com/thread/433/masonry-helping-humanity (zuletzt geöffnet 16.8.2016)
http://**weltkirche.katholisch.**de/Aktuelles/20130318_Lateinamerika-der-katholische-Kontinent (zuletzt geöffnet: 1.9.2016)
http://www.**a-tempo.**de/article.php?i=2016098c=5 (zuletzt geöffnet:11.9.2016)
http://www.**africamission-mafr.**org/Statue_Notre_Dame_d_Afrique.htm (zuletzt geöffnet: 2.8.2016)

http://www.**ancenis.**fr/Rue-Henri-Hamilton-BARREME.html (zuletzt geöffnet: 29.12.2016)
http://www.**chapellenotredamedelamedaillemiraculeuse.**com/200-ans-la-chapelle-en-details/ (zuletzt geöffnet: 2.8.2016)
http://www.**chapellenotredamedelamedaillemiraculeuse.**com/apparitions-et-medaille/medaille-miraculeuse/histoire-de-la-medaille/ (zuletzt geöffnet: 31.7.2016)
http://www.**diewunderseite.**de/statuen/statuen.htm, https://en.wikipedia.org/wiki/Ballinspittle (zuletzt geöffnet: 22.2.2017)
http://www.**petit-patrimoine.**com/fiche-petit-patrimoine.php?id_pp=52140_3 (zuletzt geöffnet: 8.10.2016)
http://www.**sanfrancescodipaola.**biz/Madonna%20del%20Miracolo/Il%20Culto%20a%20Pizzo.htm (zuletzt geöffnet: 16.9.2016)
http://www.**spiegel.**de/karriere/polizei-warum-ein-phantombild-zeichner-auf-handarbeit-schwoert-a-864844.html (zuletzt geöffnet: 30.10.2016)
http://www.**stjosef.**at/dokumente/ineffabilis_deus_1854.htm (zuletzt geöffnet: 4.7.2016)
http://www.**therese-de-lisieux.catholique.**fr/La-Vierge-du-Sourire.html (zuletzt geöffnet: 10.10.2016)
http://www.**tv2000.**it/blog/2016/01/18/santandrea-delle-fratte-e-la-madonna-del-miracolo (zuletzt geöffnet: 16.9.2016)
http://www.**wikiwand.**com/it/Santuario_di_Nostra_Signora_della_Misericordia_(Savona) (Zuletzt geöffnet: 8.11.2016)
https://de.**wikipedia.**org/wiki/Alphonse_Ratisbonne (zuletzt geöffnet: 4.9.2016)
https://de.**wikipedia.**org/wiki/Catherine_Labouré#cite_note-2 (zuletzt geöffnet: 2.7.2016)
https://de.**wikipedia.**org/wiki/Lourdesgrotte (zuletzt geöffnet: 22.2.2017)
https://de.**wikipedia.**org/wiki/Maria,_Hilfe_der_Christen (zuletzt geöffnet: 15.11.2016).
https://de.**wikipedia.**org/wiki/Phantombild (zuletzt geöffnet: 30.10.2016)
https://de.**wikipedia.**org/wiki/Pius_VII. (zuletzt geöffnet: 22.11.2016)
https://de.**wikipedia.**org/wiki/Wundertätige_Medaille (zuletzt geöffnet: 2.7.2016)
https://en.**wikipedia.**org/wiki/Adrien_Vachette (zuletzt geöffnet: 2.7.2016)

https://en.**wikipedia**.org/wiki/Moving_statues, http://www.news-flash.org/2000/02/ht/ht001057.htm (zuletzt geöffnet: 22.2.2017)
https://en.**wikipedia**.org/wiki/Our_Lady_of_Pellevoisin (zuletzt geöffnet: 30.11.2016)
https://fr.**wikipedia**.org/wiki/Catherine_Labouré (zuletzt geöffnet: 2.7.2016)
https://fr.**wikipedia**.org/wiki/Colombey-les-Deux-Églises (zuletzt geöffnet: 8.10.2016)
https://fr.**wikipedia**.org/wiki/Espace_Bernadette–Soubirous_Nevers (zuletzt geöffnet: 16.8.2016)
https://fr.**wikipedia**.org/wiki/Frère_Fiacre (zuletzt geöffnet: 22.11.2016)
https://fr.**wikipedia**.org/wiki/Henri_Bouriché (zuletzt geöffnet: 5.1.2017)
https://fr.**wikipedia**.org/wiki/Médaille_miraculeuse (zuletzt geöffnet: 2.7.2016)
https://fr.**wikipedia**.org/wiki/Mélanie_Calvat (zuletzt geöffnet: 7.4.2017)
https://it.**wikipedia**.org/wiki/Cappella_Vespucci (zuletzt geöffnet: 8.11.2016)
https://it.**wikipedia**.org/wiki/Santuario_di_Nostra_Signora_della_Misericordia_(Savona) (zuletzt geöffnet: 31.10.2016)
https://www.**facebook**.com/notes/sanctuaire-de-lisieux/-la-ste-vierge-ma-souri-que-je-suis-heureuse-13-mai-1883/310053519072528/ (zuletzt geöffnet: 11.10.2016)
https://www.**heiligenlexikon**.de/BiographienB/Bernadette_Soubirous_Marie_Bernard.htm (zuletzt geöffnet: 18.8.2016)
https://www.**heiligenlexikon**.de/BiographienM/Maria_Auxilium.html (zuletzt geöffnet: 15.11.2016)
ttp://www.**therese-de-lisieux.catholique**.fr/La-Vierge-du-Sourire.html (zuletzt geöffnet: 10.10.2016)
ttp://www.**therese-de-lisieux.catholique**.fr/La-Vierge-du-Sourire.html (zuletzt geöffnet: 10.10.2016)

Abbildungsnachweis

Agosti, Giovanni (Hg.), Beccafumi e il suo tempo, Katalog der Ausstellung, Siena, Chiesa di S. Agostino u. a., 1990, Mailand 1990, Abb. 67: Abb. 36.
Angelier, François / Langlois, Claude (Hg.), La Salette. Apocalypse, pèlerinage et littérature (1856-1996), Grenoble 2000, o. S.: Abb. 79, 88.
Angelini, Alessandro, Piero della Francesca, Florenz, 1985, S. 53: Abb. 31.
Anonym, L'Évènement de La Salette et un pèlerinage à cette Sainte Montagne, le 19 septembre 1853, (1853) Luçon (3. Aufl.), 1854, Titelbild: Abb. 81
Archiv des Instituts für Kunstgeschichte der LMU München: Abb. 51.
Archiv des Verfassers: Abb. 12, 59, 101, 108, 111, 113, 114, 124, 125, 127, 129, 136.
Aubin-Boltanski, Emma, Notre-Dame de Béchouate. Un „objet-personne" au coeur d'un dispositif cultuel, in: L'Homme (En ligne), no 203-204, 2012, S. 291-320 (https://lhomme.revues.org/23194 (zuletzt geöffnet: 4.11.2017): Abb. 1.
Badde, Paul, Maria von Guadalupe. Wie das Erscheinen der Jungfrau Weltgeschichte schrieb, München 2004 (4. Aufl.), Abb. 1: Abb. 126.
Balanda, Élisabeth de / Golay, Didier-Marie, Thérèse de Lisieux ou la brûlure d'amour, Katalog der Ausstellung, Paris, Notre-Dame 2012, Paris 2013, S. 28, 32: Abb. 131, 132.
Bartolomé Esteban Murillo, 1617-1682, Katalog der Ausstellung, Madrid, Museo del Prado, u. a., 1982, London 1982, S. 87, 147, 86, 104: Abb. 16, 63, 64, 121.
Battandier, Albert, Le premier cinquantenaire de l'Immaculée conception, in: Battandier, Albert, Annuaire pontifical catholique, VIIIe année, 1905, S. 449: Abb. 30.
Bertelli, Carlo / Paolucci, Antonio (Hg.), Piero della Francesca e le corti italiane, Mailand 2007, S. 150: Abb. 32.
Bertrand, Isidore, La Salette (1888), Paris o. J. (5. Aufl.), S. 441: Abb. 95.
Brown, Jonathan, The Golden Age of painting in Spain, New Haven, London 1991, Abb. 192: Abb. 23.
Caseau, Charles, Courte notice historique et descriptive sur le pèlerinage de N. D. de la Salette, Grenoble 1942, S. 16: Abb. 86.

Castaldi, Tommaso, La Madonna della Misericordia. Iconografia della Madonna della Misericordia e della Madonna delle frecce nell'arte di Bologna e della Romagna nel Tre e Quattrocento, Imola 2011, S. 31, 279: Abb. 34, 35.

Ceysson, Bernard u. a. (Hg.), Skulptur. 1. Teil, Renaissance bis Rokoko. 15. bis 18. Jahrhundert, Köln 1999, S. 178: Abb. 24.

Crépey, Chantal, Petit guide de la Chapelle Notre-Dame de la Médaille Miraculeuse, Paris 2012, S. 10, 15: Abb. 55, 57.

Des Brûlais, Marie, L'Écho de la Sainte Montagne visitée par la Mère de Dieu. Un mois de séjour dans la société des petits bergers de La Salette, (1852) (1854, 3. Aufl.) Méricourt-de l'Abbé 1904 (3. Auflage), Frontispiz: Abb. 75.

Diathek online, Technische Universität Dresden, Institut für Kunstgeschichte: Abb. 120.

Ebert-Schifferer, Sybille (Hg.), Guido Reni und Europa – Ruhm und Nachruhm, Katalog der Ausstellung, Frankfurt, Schirn Kunsthalle u. a. 1988-1989, Frankfurt 1988 S. 177: Abb. 19.

Ebert-Schifferer, Sybille / Mazzetti di Pietralata, Cecilia (Hg.), Joachim von Sandrart, München 2009, S. 260: Abb. 49.

Fabisch, Joseph-Hugues, Quatorze ans après le 4 avril 1864: les souvenirs du sculpteur, in: Recherches sur Lourdes, no 6. Numéro spécial: Centenaire de la Statue, 1964 (April), nach S. 25: Abb. 111.

Faunce, Sarah (Hg.), Courbet Reconsidered, New York u. a. , 1993, S. 113: Abb. 99.

Fotograf: Hans Körner: Abb. 11, 39, 41, 42, 43, 58, 60, 82, 83, 85, 87, 89, 90, 91, 92, 93, 96, 97.

Gaya Nuno, Juan Antonio, L'Opera completa di Murillo, Mailand 1978, Taf. XVIII: Abb. 21.

Gowing, Lawrence, Die Gemäldesammlung des Louvre, Köln 1988, S. 483: Abb. 48.

Herding, Klaus, Pierre Puget. Das bildnerische Werk. Berlin 1970, Abb. 153: Abb. 22.

Histoire d'un pèlerinage. Notre-Dame de la Salette (1846-1996), Katalog der Ausstellung, Grenoble, Bibliothèques Municipales 1996-1997, Grenoble 1996, S. 24, 12: Abb. 70, 78.

http://**helvetia-catholica.blogspot.**de/2006/05/notre-dame-de-genve-priez-pour-nous.html) (zuletzt geöffnet: 4.11.2017): Abb. 28.

http://**imagessaintes.canalblog.**com/archives/2016/05/04/33675260.html) (zuletzt geöffnet: 4.11.2017): Abb. 9.

http://www.**mesvoyagesenfrance.**com/D53/Pontmain.html) (zuletzt geöffnet: 4.11.2017): Abb. 3.

http://www.**therese-de-lisieux.catholique.**fr/120eme-anniversaire-de-l-acte-d-offrande-a-l-Amour.html) (zuletzt geöffnet: 5.11.2017): Abb. 133.

https://www.**heiligenlexikon.**de/BiographienM/Maria_Auxilium.html (zuletzt geöffnet: 14.12.2017): Abb. 44.

Jean Fautrier. Gemälde, Skulptur, Radierungen, Katalog der Ausstellung, Neuss, Insel Hombroich 1987, Neuss 1987, o. S.: Abb. 134, 135.

Kientz, Guillaume (Hg.), Velázquez, Ausstellungskatalog Paris, Musée du Louvre 2015, S. 107: Abb. 15.

Klemenz, Birgitta, Wallfahrtskirche Andechs (Schnell Kunstführer Nr. 394), Regensburg 2005 (13. Aufl.), S. 15: Abb. 47.

Kselman, Thomas A., Miracles & Prophecies in Nineteenth-Century France, New Brunswick 1983, S. 64: Abb. 80.

Laurentin, René / Durand, Albert, Pontmain. Histoire authentique, T. 1: Un signe dans le ciel, Paris 1970, S. 173, 143: Abb. 128, 130.

Laurentin, René / Roche, Philippe, Catherine Labouré et la Médaille miraculeuse. Documents authentiques 1830-1876, Paris 1976, S. 57, 111, 281: Abb. 4, 46, 123.

Laurentin, René, Bernadette vous parle, t.1, Paris / Lourdes 1972, S. 297: Abb. 106.

Laurentin, René, The Life of Catherine Labouré 1806-1876, (1980 frz.) London 1983, S. 92, 97, 88, 21, 152, 215, 253, 160, 184: Abb: 5, 6, 7, 40, 52, 53, 54, 56, 122.

Les peintres de l'âme. Art lyonnais au XIXe siècle, Katalog der Ausstellung, Lyon, Musée des Beaux-Arts, 1981, Lyon 1981, S. 70: Abb. 109.

Lüdicke-Kaute, Lore, Lauretanische Litanei, in: Kirschbaum, Engelbert in Zusammenarbeit mit Wolfgang Braunfels u. a. (Hg.), Lexikon der christlichen Ikonographie, Dritter Band (1974), Rom / Freiburg / Basel / Wien 1990, Sp. 30: Abb. 14.

Magnien, Gabriel, Le curé d'Ars et l'imagerie, Lyon 1952, Taf. I: Abb. 8.

Marciari, John / Boorsch, Suzanne, Francesco Vanni – Art in Late Renaissance Siena, New Haven 2013, S. 188: Abb. 61.

Marini, Maurizio, Caravaggio, Rom 1987, S. 201: Abb. 98.

Maugendre, Adolphe, La Salette. Album composé de huit vues dessinées d'après nature (…), Paris 1863: Abb. 94.

Pedrocco, Filippo, Giambattista Tiepolo, Mailand 2003, S. 180: Abb. 18.

Perrier, Jacques, L'Histoire de Lourdes de 1858 à nos jours, Tarbes 2014, S. 8, 9: Abb. 115, 116.
Pietro da Cortona, Katalog der Ausssstellung, Rom, Palazzo Venezia 1997–1998, Mailand 1997, S. 435: Abb. 62.
Quermann, Andreas, Ghirlandaio, Köln 1998, S. 10: Abb. 33.
Schoenberger, Arno, Ignaz Günther, München 1954, Abb. 70: Abb. 17.
Scholz-Hänsel, Michael, El Greco. Domenikos Theotokopoulos 1541-1614, Köln 2004 S. 75: Abb. 20.
Schott, Arthur, Die Wunder von Lourdes oder Die Erscheinung der Allerseligsten Jungfrau Maria in Lourdes, Bd. I, Stuttgart 1886 (2. Aufl.), nach S. 472: Abb. 110.
Scirè Nepi, Giovanna, Die Accademia in Venedig, München 1991, S. 172, Abb. 94: Abb. 50.
Seifert, Veronika Maria, Pius IX. – der Immaculata-Papst. Von der Marienverehrung Giovanni Maria Mastai Ferrettis zur Definierung des Immaculata-Dogmas, Göttingen 2013, Taf. B, I: Abb. 26, 27.
Sterckx, Engelbert, Courte dissertation sur la manière de représenter le mystère de l'Immaculée Conception de la Très Sainte Vierge Marie, Mechelen 1855, Vorsatzblatt: Abb. 119.
Sterckx, Engelbert, De modo pingendi Sanctissimam Dei Genitricem Mariam sine labe originali conceptam, Rom 1854, Titelblatt: Abb. 118.
Stern, Jean, La Salette. Documents authentiques: dossier chronologique intégral. 1. Septembre 1846 – début mars 1847, Paris 1980, S. 337, 65, 252, 78: Abb. 65, 67, 71, 74.
Stern, Jean, La Salette. Documents authentiques: dossier chronologique intégral. 2. Le procès de l'apparition, fin mars 1847 – avril 1849, Paris / Corps 1984, S. 326, 52, 46, XVIII, 46, 332, 210: Abb. 66, 68, 69, 72, 73, 76, 77.
Toytot, Ernest de, Voyage de Grenoble à la Salette, Paris 1863 (Repr. Lyon, S. 236: Abb. 84.
Vloberg, Maurice, XIII. The Iconography of the Immaculate Conception, in: O'Connor, Edward Dennis (Hg.), The Dogma of the Immaculate Conception. History and Significance, Notre Dame (Indiana) 1958, Abb. X, XX: Abb. 13, 112.
Wikimedia commons: Abb. 100, 103, 107.
Wikimedia commons. Fotograf/in: Dennis Jarvis: Abb. 104, 108.
Wikimedia commons. Fotograf/in: FredSeiller: Abb. 117.
Wikimedia commons. Fotograf/in: Mattana: Abb. 37, 38.
Wikimedia commons. Fotograf/in: Monopoli91: Abb. 29.
Wikimedia commons. Fotograf/in: Otourly: Abb. 46.
Wikimedia commons. Fotograf/in: Rei Momo: Abb. 2.
Wikimedia commons. Fotograf/in: VAHiuSeVJy6wsw at Google Cultural Institute): Abb. 25.
Wikimedia commons. Fotograf/in: Xhienne: Abb. 10:

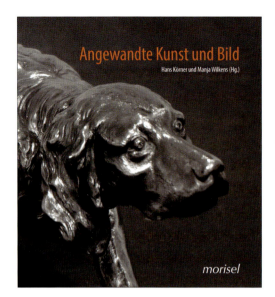

Hans Körner und Manja Wilkens (Hg.)
Angewandte Kunst und Bild

Das Bild hat in den letzten Jahrzehnten eine steile Karriere gemacht. Zwar ist der von Gottfried Boehm ausgerufene „Iconic Turn" nicht mehr der jüngste „Turn", aber er ist aktuell geblieben. Sieht man von der Popularität der Objekte ab, die unter dem Label „Design" fungieren, dann hat die „Angewandte", allgemeiner: die „Dekorative Kunst" von dieser Bewegung zur kulturgeschichtlichen und wissenschaftsgeschichtlichen Neubewertung von Visualität kaum profitiert. Schon in Hinblick auf den quantitativen Anteil angewandter/dekorativer Kunst in der Geschichte der Kunst ist das ungerechtfertigt. Der Band diskutiert das Verhältnis von „Angewandter Kunst" und „Bild". Die Begriffe „Bild" und „Angewandte Kunst" bleiben dabei nur Ausgangsmarkierungen. Mit Blick auf bestimmte historische Kontexte können sich diese Ausgangsmarkierungen zu Positionen verfestigen. In anderen Kontexten sind Verwischungen der Grenzen und Vermischung der Qualitäten zu beobachten; das Verhältnis von „Angewandter Kunst" und „Bild" lässt sich gelegentlich auch nach Maßgabe eines Vexierbildes beschreiben, und vor allem, wenn wir uns der Gegenwart nähern, kommen Phänomene in den Blick, vor denen die Differenz nicht nur unmöglich zu bestimmen, sondern obsolet ist.

Geschrieben haben: Martin Faass, Gabriele Genge, Hans Körner, Rainer Metzger, Christopher Oestereich, Guido Reuter, Ursula Stroebele, Jürgen Wiener, Manja Wilkens

180 Seiten | ca. 190 Abbildungen | Hardcover 20 x 21,5 cm
Preis 28 Euro | Erschienen im morisel Verlag | www.morisel.de
ISBN: 978-3-943915-26-6

Sandra Abend und Hans Körner (Hg.)
Der schöne Mensch und seine Bilder

Was macht einen Menschen zu einem schönen Menschen und seinen Körper zu einem schönen Körper? In einer Zeit, in der das Regulativ der „Natürlichkeit" längst aufgegeben wurde und in der Schönheitsideale inzwischen digital produziert werden, stellt sich die Frage nach den soziokulturellen, medizinischen und medialen Konstruktionsbedingungen von Schönheitsidealen ganz neu. Welchen Anteil nehmen Bilder an der Formatierung und an der Demontage von Schönheitsvorstellungen, wie agieren und wie reagieren sie? All diese Fragen haben sich Kunst- und Kulturwissenschaftler, Philosophen und Fotoexperten gestellt und aus unterschiedlichen Perspektiven beantwortet.

Geschrieben haben: Sandra Abend, Hans Körner, Wolfgang Ulrich, Dieter Birnbacher, Jörg Scheller, Manja Wilkens, Michael Ebert, Klaus Honnef, Angela Stercken

240 Seiten | ca. 190 Abbildungen | Hardcover 20 x 21,5 cm
Preis 28 Euro | Erschienen im morisel Verlag | www.morisel.de
ISBN: 978-3-943915-30-3

Sandra Abend und Hans Körner (Hrsg.)
**Vor-Bilder:
Ikonen der Kulturgeschichte
Vom Faustkeil über Botticellis
Venus bis John Wayne**

Bilder sind omnipräsent: Sie strukturieren unsere Wahrnehmung, beeinflussen unser Kaufverhalten, unsere politische Parteinahme, unser Selbstverständnis. Bilder, insbesondere Bilder mit hohem Überredungspotential, sind allerdings in aller Regel ihrerseits abhängig von anderen Bildern, borgen vom Vorbild die Einprägsamkeit, die Glaubwürdigkeit. Andererseits kann sich das Verhältnis von Vorbild und Nachbild als Konkurrenzverhältnis darstellen, mit dem möglichen Ergebnis, dass das Nachbild das Vorbild verschattet. In jedem Fall ist Bildgeschichte immer auch die Geschichte der Auseinandersetzung von Bildern mit Bildern. Bilder, so der Ausgangspunkt des Buches, verweisen – manchmal sogar rückbezüglich – immer auf andere Bilder, bevor sie auf so etwas wie Wirklichkeit verweisen. Die Beiträge spannen den Bogen von der Frühgeschichte bis heute, sie setzen sich mit in Stein gemeißelten, gemalten, fotografierten und gefilmten Ikonen unserer Kulturgeschichte auseinander.

Geschrieben haben: Horst Bredekamp, Ekkehard Mai, Hans Körner, Sandra Abend, Wolfgang Ullrich, Ulli Seegers, Michael Ebert, Manja Wilkens, Klaus Honnef, Ömer Alkin, Carina Dahlhaus / Katja Corinna Nantke / Sabrina Pompe

244 Seiten | ca. 155 Abbildungen | Hardcover 20 x 21,5 cm
Preis 28 Euro | Erschienen im morisel Verlag | www.morisel.de
ISBN 978-3-943915-19-8